동양의 몸철학 Ⅰ

〈한국편〉

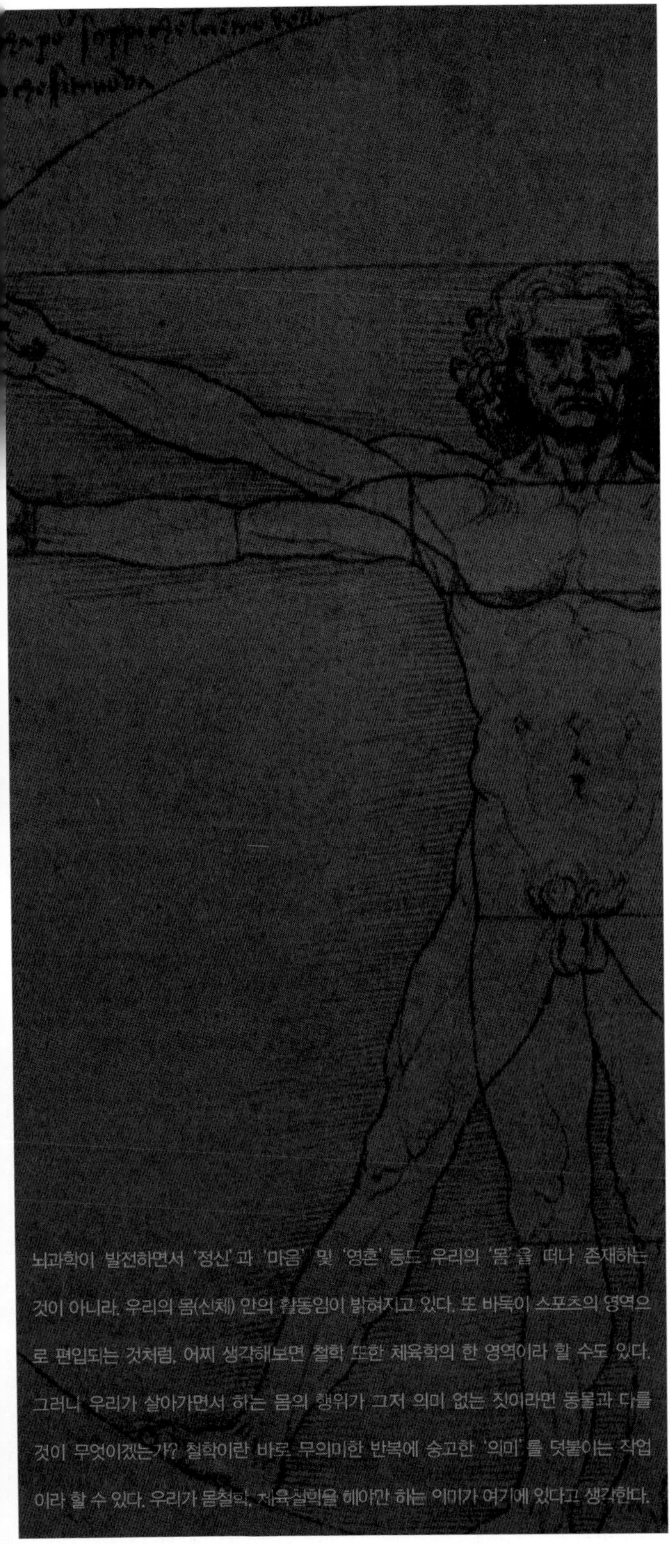

동양의 몸철학 I

〈한국편〉

김부찬 저

전남대학교출판부

서 문

몸은 우리들에게 무엇인가? 인간은 요람에서 무덤까지 몸의 기능과 행위를 통해 몸을 건강학적으로, 학문적으로, 사회적으로, 정신적으로 들여다보면서 평생을 몸이라고 하는 거대한 성전을 통해 살아간다. 우주를 여행하는 것처럼 신비롭기까지 한다.

그리하여 사람의 몸을 일컬어 소우주라고 하지 않는가? 종교적 요소든, 의료적인 요소든, 예술적 요소든, 체육적 요소든 동서양을 막론하고 몸에 대한 성찰과 연구는 나날이 뜨거워진다. 인식주체로서의 의식화된 몸의 문제를 다룬 메를로 뽕띠로부터 스피노자의 표현과 들뢰즈의 욕망에 이르기까지 몸은 철학적 대상으로 끊임없이 연구되어지고 있다. 동양에서도 우주론·수양론·심성론적 차원에서 몸과 그 속에 담긴 정신(기)과 세계에 대한 관심이 다양하게 진행되고 있음을 부정할 수 없다. 그럼에도 불구하고 '몸철학'이란 용어가 일반인들에게는 낯설 수 있다. 인간은 신체와 정신, 몸과 마음의 두 가지 요소를 가지고 있다고 말하지만, 정신과 마음은 몸을 떠나 존재할 수는 없다. 신체(몸)의 활동에 대한 의미를 따져 묻는 학문을 '스포츠철학', 혹은 '체육철학' 그리고 '몸철학' 등으로 불린다.

체육학을 공부하고 나서 사회생활을 하다가 학문에 뜻을 두고 대학원에 진학하였다. 누군가 "체육학 중에서도 하필 까다로운 '체육철학'을 전공하게 되었는가?"라고 묻곤 한다. 딱히 무어라 할 말이 없어 웃어넘기곤

하지만, 생각해보면 모든 학문은 결국 그 학문의 본질적 의미를 묻게 되고 그것은 필연적으로 철학으로 향하게 되는 것이라 생각한다.

전남대학교 박사과정 중에 독일에서 체육철학을 전공하신 지도교수님을 만나 체육철학에 매료되었다. 몸의 활동과 의미, 몸과 마음의 관계, 인식론, 존재론, 윤리학, 미학 등의 철학적 문제 하나하나는 체육과 스포츠가 단순한 몸놀림이나 몸짓이 아닌 숭고한 종교적 행위처럼 새롭게 해석되어지는 놀라움을 경험하게 되었다.

그런데 그 때까지 한국의 체육계와 체육학계에 있어서 체육철학을 학문적으로 다루는 것은 초보적인 단계였고, 서구의 철학이론을 중심으로 체육철학의 기초적 토대가 구축되어가던 시기였다. 그러나 서구의 이론은 체육철학에 대한 정의와 현대 스포츠와 관련된 부분에 있어서는 그 이론적 명료성으로 인하여 다양한 주제를 소화할 수 있는 장점이 있는 반면에, 그 이론적 생성배경이 서구의 전통과 연결되어 있어서 우리 민족문화의 전통과는 단절될 수밖에 없는 한계를 지니고 있다.

언젠가부터 '동양의 전통 속에서 체육철학을 이해할 수는 없을까?'하는 생각을 가지게 되었고, 자연스럽게 일본 학계의 '무도'에 대한 담론과 동양철학을 주제로 한 체육학계의 논문들을 탐독하게 되었다. 그러나 고준(高峻)한 동양철학의 이론을 원서를 통하여 이해하려는 작업은 한계에 부딪히게 되었다. 고민 끝에 중국 북경체육대학에 유학하여 그곳에서 화룽민교수와 전이린교수 및 칭춘린교수 등을 만나 몸에 대한 여러 가지 담론을 하였다. 이를 통해 얼마간의 몸에 대한 학문적 지평이 넓어지기는 했지만 여전히 몸에 대한 철학적 접근이 부족함을 느꼈다. 더 깊은 연구가 필요했다. 육체적 욕망에서 종교적 신성까지 죽음과 영혼 그리고 심리, 세포들의 생성과 소멸, 몸에 대한 통합적 사유 등 체육철학에 대한 코페르니쿠스적 전환이 필요했다. 어렵게 충남대 철학과에 진학하여 동양철학을 전공하여 다시 철학박사 학위를 받았고, 이를 계기로 동양철학에 기초한 체육철학 관련 논문들을 꾸준히 학회지에 발표하여 왔다.

그동안 동양의 체육철학과 관련한 논문들을 모아 보니 20여 편이 되었다. 그래서 『동양의 몸철학』이라 이름하고, 이를 두 권으로 나누어 〈한국편〉과 〈중국편〉으로 엮었다. 이 책은 한국의 체육철학과 관련된 9편의 논문을 모아 엮은 것이다. 이 논문 모두는 학회지를 통하여 발표된 것으로, 그 서지 사항은 각 논문의 첫 부분에 밝혀 놓았다.

막상 책을 엮어 놓고 보니, 꼭 들어가야 할 부분이 빠져 있어 아쉬움이 남는다. 특히 불교의 원효와 도교의 권극중 그리고 유교의 정약용의 체육철학이 빠져 있어서 '한국의 몸철학'을 정리하는데 일정한 한계가 있어 보인다. 추후 증보판을 낼 수 있으면 이 부분을 보완할 것을 약속드린다.

뇌과학이 발전하면서 '정신'과 '마음' 및 '영혼' 등도 우리의 '몸'을 떠나 존재하는 것이 아니라. 우리의 몸(신체) 안의 활동임이 밝혀지고 있다. 또 바둑이 스포츠의 영역으로 편입되는 것처럼, 어찌 생각해보면 철학 또한 체육학의 한 영역이라 할 수도 있다. 그러나 우리가 살아가면서 하는 몸의 행위가 그저 의미 없는 짓이라면 동물과 다를 것이 무엇이겠는가? 철학이란 바로 무의미한 반복에 숭고한 '의미'를 덧붙이는 작업이라 할 수 있다. 우리가 몸철학, 체육철학을 공부해야만 하는 의미가 여기에 있다고 생각한다.

완전한 글을 세상에 내놓고 싶은 것은 모든 연구자의 소망이다. 그러나 부족하더라도 세상에 글을 내놓고 비판을 받고 그를 통하여 성장해가는 것이 학자의 길이라 생각한다. 비록 부족하지만 한국의 체육의 몸철학에 관심 있는 독자들에게 자그마한 도움이라도 되었으면 하는 바람이다.

이 책이 나오기까지 그동안 학문적 영감을 주신 몇몇의 스승님들, 특히 전남대 박현우 교수님과 충남대 김방룡 교수님께 감사드린다. 또한 세상에 소중한 인연으로 다가와 내면의 성찰에 느낌을 갖게 해주신 많은 분들이 있었기에 뜨겁지는 않았지만 지치지 않고 살아갈 수 있어 감사하다. 또한 평생 몸철학의 원리를 춤의 예술로 승화시킨 정경희 박사님은 즐거운 생활로서의 몸의 지위를 알게 해주셔서 늘 감사하다. 그리고 웃는다, 웃어본다. 사람의 몸속에서 피는 가장 아름다운 꽃은 웃음꽃이다. 웃음을 잃어버리는 것은 몸을 욕되게 하는 행위이니 이걸 깨닫는데 많은 시간을 소비했다. "웃으면 지구가 산다." 항상 곁에서 나를 지탱해준 행복한 사람들을 내 몸이 기억하면서 세상 다하는 날까지 고마운 마음을 전할 것이다.

최근 인문학 출판계의 어려움에도 불구하고 졸고를 흔쾌히 책으로 출판하여 주신 전남대학교출판부와 표지디자인에 심혈을 기울여 주신 배광현 선생님께 깊이 감사드린다.

2016년 8월

전주 한옥마을 까닭모를인간사연구소에서 김부찬

목 차

제1부

전통무예 철학과 풍류도

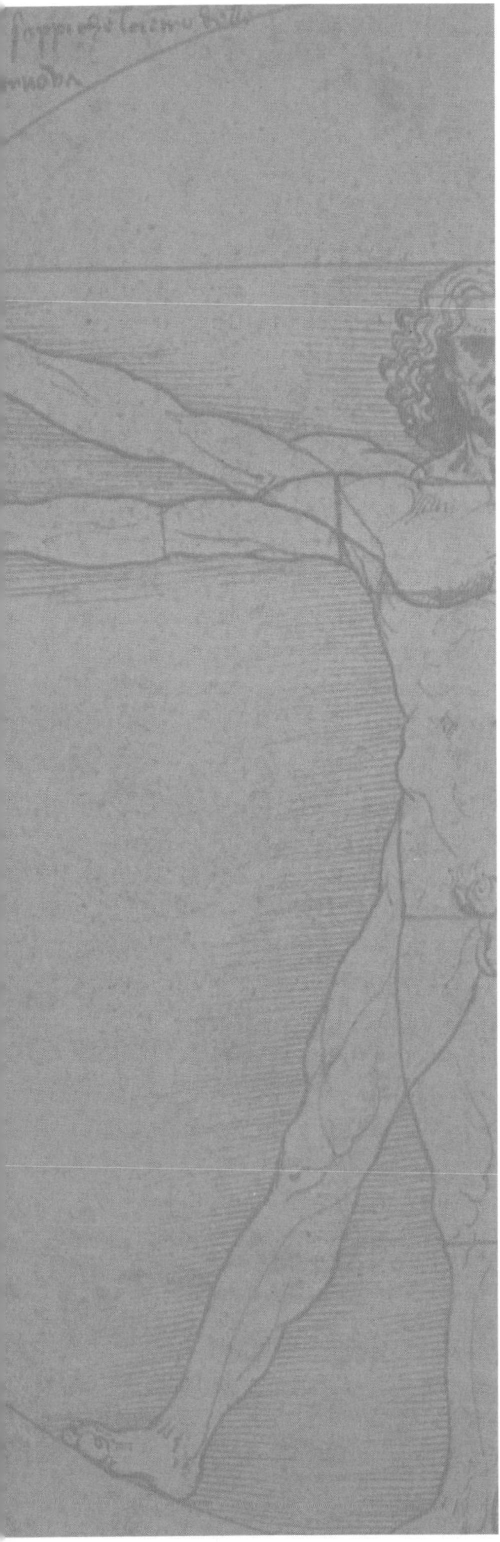

전통무예의 체육철학적 의미*

1. 서론

전통무예란 우리 민족 고유의 무예를 말한다. 무예는 학문적으로 체육학과 군사학의 두 분야에서 모두 다루어지고 있다. 전통무예가 우리 사회에서 관심을 끌게 된 계기는 1980년대 대학생을 중심으로 한 전통문화의 계승운동을 통해서이다.

이러한 사회적 관심이 체육학의 분야에 있어서도 많은 연구를 촉발시켰다. 이진수의 『신라 화랑의 체육사상 연구』와 나영일의 「조선조의 무사체육 교육」, 임동규의 『한국의 전통무예』, 박기동의 「조선후기 무예사 연구」 등 괄목할 만한 연구 성과물들이 나왔다. 초기의 연구영역은 신라의 화랑과 조선후기 이덕무와 박제가 저술한 『무예도보통지(武藝圖譜通志)』 등에 집중되어 있었다. 전통무예에 관한 다양한 학술적 관점에서의 연구는 1990년대 이후에 급격하게 증가하기 시작하였다. 나영일(1994) 외 4인의 「전통무예의 현황과 과제에 관한 연구」, 최복규(1995)의 「전통무예의 개념정립과 현대적 의의」, 스티븐 캐퍼너(1998)의 「동양무도 수련관의 변천과 현대적 의미」 등은 무예에 관한 체육철학적인 의미를 묻는 연구

※ 본 논문은 한국체육학회에서 2006년에 발간한 『한국체육학회지-인문사회과학』 45권 1호 35-43쪽에 실린 논문이다.

물이라 할 수 있다.

전통무예의 구체적인 대상은 씨름・말타기・축국・검술・창술・궁술・승마・씨름・택견・권법・선무도 등 우리 역사 속에서 나타난 총체적인 무예를 말한다. 이러한 전통무예는 전투적인 목적에 의하여 신체를 단련하였지만, 전투시가 아닌 경우에 있어서는 몸과 마음을 수양하여 천인합일(天人合一)의 이상적인 경지에 도달하려는데 그 목표를 두었다. 또 무예와 유희적인 측면을 동시에 가지고 있어서, 씨름과 같이 민속놀이와 무예의 경계가 불분명한 것으로 나타나기도 한다. 그리고 그 궁극적인 목표는 '도(道)'라는 이상적인 경지에 두고 있음을 볼 수 있다.

본 연구는 이러한 전통무예를 대상으로 하여 그 철학적 의미를 규명하고자 한다. 즉 전통무예에 대한 기존의 연구 성과를 토대로 하여, 이러한 전통무예의 정신 속에 담긴 철학적 의미를 현대 철학적인 관점을 통하여 재조명해보고자 한다. 구체적으로 살펴볼 범주는 심신론적 의미, 윤리적 의미, 체육교육적 의미, 사회적 의미 등이다.

2. 전통무예의 체육철학적 의미

1) 심신론적 의미

심신론적 의미는 '인간이란 무엇인가' 에 대한 새로운 대답을 위한 자료로서 인간에 관한 해석을 정신과 신체의 심신론을 통한 것을 말한다. 인간의 본질에 관한 문제는 필연적으로 '정신과 신체'라는 2원적 구분에 의해서 출발한다. 오랫동안 철학자들은 존재의 두 가지 측면에 대하여 즉, 물리적 존재나 영혼 혹은 정신적 존재에 관한 것들에 관심을 가져 왔다. 이들 두 세계간의 관계와 실체의 본질 즉 '심신(心身)'의 문제라 불리는 구성 요소들은 서양철학에 있어서 플라톤에서 현대 실존철학자에 이르기까지 수많은 철학자들의 주요한 연구과제였다(김영환외, 2002).

전통적으로 철학에서 핵심적으로 다룬 심신(心身) 관계의 문제는 체육철학에 있어서도 중요한 문제로 다루어진다. 서양의 체육철학의 주류는 몸과 마음이 서로 분리되어 있다는 전제아래 심신이원론적 입장을 취하고 있다. 따라서 정신은 우월하고 신체는 열등하다는 생각을 은연중에 갖게 된다. 이러한 관점은 초기 우리 체육학계에서도 비판 없이 수용되었으나 1990년대에 이르러 새로운 연구 경향이 나타나게 되었다. 그 중 대표적인 것은 서양철학인 현상학과 실존철학을 배경으로 하여 존재와 인식을 동시에 포함하는 체험의 개념을 동원하여 체육과 스포츠에서 체험주체적 인간 개념을 엮어 낸 것이다. 그리고 새로운 길을 우리 전통무예에서 추구하려는 움직임도 일어났다. 전통무예의 수련을 통해서 도(道)를 추구하려는 차원에서 새로운 인간관 또는 신체관을 도출할 가능성을 발견하였다.

인간을 쳐다보는 동양과 서양의 관점은 근본적으로 차이가 있다. 리처드 니스벳은 『생각의 지도』에서 동양과 서양의 차이를 사회의 구조와 자기개념의 인식 차이에서 발견할 수 있으며, 특히 그는 동양은 전체를 보고 서양은 부분을 보면서 대상을 이해하려는 차이가 있다고 하였다(리처드 니스벳저, 최인철역, 2004). 이러한 동·서의 관점 차이는 체육철학에도 그대로 반영된다. 따라서 서구의 관점과 다른 동양의 체육활동을 이해하는 이론적 틀이 필요하다.

전통무예에서 인간의 몸과 마음은 분리되어 있지 않다. 무예의 수련을 통하여 마음의 평화를 이룰 수 있다. 몸과 마음을 하나로 파악하는 동양의 신체관은 서양의 신체관과 차이가 난다. 김철(1996)은 「동·서양의 신체관 비교」에서 동양과 서양의 신체관이 분명한 대조를 이루고 있다고 주장한다. 즉 몸과 마음을 조화로운 것으로 여기는 동양과 몸과 마음을 나누어 보는 것이 서양의 신체관이다.

이러한 김철의 주장은 동서의 신체관의 차이가 그들의 생활세계인 생활 문화의 차이에서 비롯된 것이라고 주장한 것이다. 즉 동양철학은 인간과 자연, 인간과 인간, 정신과 육체의 관계 모두 조화롭고 융합된 특징을 지니고 있는데, 그 이유는 바로 동양의 환경과 문화적인 요인에 기인한다는 것이다. 또한 김철은 아래의 〈도표 1〉과 같이 동서 문화의 차이를 도표화하고 있다.

<table>
<tr><th colspan="2">구 분</th><th>동 양</th><th>서 양</th></tr>
<tr><td colspan="2">주 체</td><td>중 국</td><td>유 럽</td></tr>
<tr><td colspan="2">환 경</td><td>대륙(닫힌 세계)</td><td>해양(열린 세계)</td></tr>
<tr><td colspan="2">자연에 대한 인식</td><td>변화</td><td>진화</td></tr>
<tr><td colspan="2">주체의 자연환경에 대한 반응</td><td>陰(조화)</td><td>陽(투쟁)</td></tr>
<tr><td rowspan="3">3가지기본관계</td><td>인간과 자연</td><td>조화 : 인간은 자연의 일부</td><td>투쟁 : 인간과 자연의 분리</td></tr>
<tr><td>정신과 육체</td><td>理氣적 조화</td><td>靈肉의 투쟁</td></tr>
<tr><td>인간과 인간</td><td>관계에 중점 : 인간사회의 조화</td><td>개인에 중점 : 대립, 투쟁 절대자의 의탁</td></tr>
<tr><td colspan="2">기본 행동원리</td><td>불간섭, 소극</td><td>간섭, 적극</td></tr>
<tr><td colspan="2">문화의 특성</td><td>철학 : 인간과 인간의 화합</td><td>종교 : 정신과 육체의 분리
인간 : 인간과 자연의 투쟁</td></tr>
<tr><td colspan="2">문화의 진수</td><td>전략적 조화(중용)
지혜</td><td>전술적 투쟁(진취)
지식</td></tr>
<tr><td colspan="2">타락된 형태</td><td>전술적 조화(無爲)</td><td>전략적 투쟁(극단)</td></tr>
</table>

<도표 1>

인간을 신체와 정신 혹은 심신(心身)으로 이루어진 존재로 보는 데는 그 관점에 따라 몇 가지로 나눌 수 있다. 즉 심신일원론(心身一元論, Monism), 심신이원론(心身二元論, Dualism), 심신병행론(心身竝行論, Parallelism), 심신통일체론(心身統一體論, Psycho somatic unit)으로 구분할 수 있다(배정하, 1995). 이러한 기준으로 〈도표 1〉을 보면 서양은 심신이원론이 주류를 이루고 있으며, 동양은 심신통일체론이 주류를 이루고 있다고 볼 수 있을 것 같다. 그리고 이러한 차이는 동양과 서양의 문화적인 차이에서 비롯된 것이며, 고대 철학의 발생에서부터 역사문화 전개과정에 있어서 그러한 차이가 지속되어 왔기 때문이다.

특히 근대 서양철학의 아버지로 일컬어지는 데카르트(Descartes)에 의하면 인간존재를 정신과 신체로 분리하고, 인간 존재의 근거를 정신에서 찾고 있다. 즉 인간의 정신을 사유 및 인식과 관련시키고, 인간의 신체는 일반적인 물체나 정교한 기계로서 파악하였다. 이러한 그의 인간 규정은 인간의 정신과 신체에 대한 기능적 관점의 결과였다. 그러나 인간 활동 및 인간의 생활영역에서는 정신과 신체는 상호작용으로 연결 될 수밖에 없다(박현우, 1992). 이러한 데카르트의 이원론적인 관점에서는 신체의 움직임과 활동이 기계적인 몸짓일 뿐 의미를 지니는 활동이 아닌 것이다. 이러한 데카르트를 중심으로 한 근대 서양의 신체관에 문제점을 느끼고 이를 극복할 대안으로 메를로 뽕띠(Merleau-Ponty)의 신체관에 주목할 필요가 있다. 박현우는 메를로 뽕띠의 '지각의 우위성', '지각 주체로서의 신체', 그리고 '세계 내 존재로서의 신체'의 개념에 주목하여 신체 자체를 주체로 보는 인식의 회복을 꾀하고 있다.

우리 전통의 통일적 심신론의 일차적인 의미는 몸과 마음이 유기적으로 작용하고 있으며, 서로 분리되어 작용하지 않는 것이다. 이러한 점은 도교와 한의학의 신체관에서 보다 분명히 알 수 있다. 예를 들어 허준의 『동의보감(東醫寶鑑)』에서 인간과 신체를 정기신(精氣神)이 주체가 되어 있다고 주장하고 있다.

여기서 허준이 말하고 있는 정(精)이란 인간이 운동을 하거나 일을 하는 데에 드는 활동력을 의미하는 것으로 보통 정력(精力)이라 말해도 좋을 것이다. 하늘에는 하늘의 정이, 땅에는 땅의 정이 있다. 인간은 기의 힘에 의해 이들 천지의 정을 호흡이나 음식으로 흡수하여 운동한다. 지나친 운동으로 체내의 정력이 부족하게 되면 체내에 있는 기가 변화하여 정이 되며 정의 부족을 돕는다. 따라서 정력의 낭비는 먼저 기력을 떨어뜨리고 다음에는 정신력인 사고력과 의지까지 떨어뜨리게 된다.

다음으로 기(氣)는 생명, 활동의 원동력이 되는 것으로 보통 '원기(元氣)가 있다' 혹은 '기력이 충실하다' 등의 말로써 표현되는 것이다. 우리가 일상적으로 '기가 막힌다'든가, '기운이 있다'는 등의 표현에서도 알 수 있듯이 '기'의 존재는 동양인의 일상의식 속에 상존한다.

마지막으로 신(身)은 한마디로 표현한다면 마음의 원소로 대뇌에 있어 의념(意念)이나 사상이 되며 인간의 생활을 주재하는 인간의 지(知)·정(情)·의(意)의 총체를 의미한다(이진수, 2001).

그런데 인간을 이루고 있는 정·기·신이 유기적으로 이루어지고 있음을 허준은 밝히고 있는 것이다. 몸과 마음이 유기적으로 연결되어 있다고 파악한 한의학적 입장은 도교는 물론이고 유교와 불교의 전통사상에 있어서도 동일하다.

전통무예에 나타나는 통일적 심신론은 심신일원론적인 관점에 서 있는 동양철학적 사유를 바탕으로 하고 있다. 이러한 관점에서는 신체의 움직임이 곧 마음을 닦는 것이 된다. 역으로 마음 닦음을 통하여 신체의 활동은 완성에 이를 수 있다. 몸과 마음이 상호 유기적이고 상호 통일적인 것인 관점이 무도(武道) 속에 그대로 담겨져 있다.

예를 들어 궁도(弓道)에 있어서 마음의 통일이 선행될 때 활을 적중할 수 있고, 활쏘기를 통하여 마음을 닦을 수 있다는 것이 그러한 관점이다.

『소학』에서 묘사된 다음과 같은 내용에서 심신 일원론적 관점을 분명히 볼 수 있다.

> 활 쏘는 이는 나아가고 물러나고 주선(周旋)함을 반드시 예에 맞게 하여야 하니, 안의 뜻이 바르고 밖의 몸이 곧은 뒤에야 활과 화살을 잡음이 세심하고 견고하며, 활과 화살을 잡음이 견고하고 세심한 뒤에야 과녁을 맞춘다고 말할 수 있으니, 이 활쏘기에서 덕을 볼 수 있는 것이다.

위의 글에서 보이는 '내지정(內志正) 외체직(外體直)'의 뜻은 '안의 뜻이 바르고, 밖으로 몸이 바르게 된다'는 것이다. 이는 안의 몸이 바르게 되어야 밖의 몸이 바르게 된다는 의미이자, 밖의 몸이 바르게 되어야 안의 몸이 바르게 된다는 의미를 동시에 내포한 말이다.

이와 같이 전통무예 속에 담긴 심신 일원론은 서구의 근대철학에서 주장하는 몸과 마음을 둘로 보는 심신이원론처럼 마음과 몸의 대립구조를 벗어날 수 있다. 몸의 활동 자체가 마음과 연결되어 있어 마음의 활동 자체가 몸에 영향을 주는 것으로 파악하고 있다는 점에서 오히려 현대적이고 종합적인 인간이해에 근접해 있다고 평가할 수 있다.

2) 윤리적 의미

윤리학은 옳고 그른 행위에 관한 체계적인 학문이다. 윤리학의 실천적 행위의 무대가 도덕이다. 일반적으로 도덕에 관한 철학적 연구 즉, 도덕철학을 윤리학이라고 부른다. 윤리와 도덕은 일상적으로는 동일한 의미로 사용되고 있지만 엄밀하게 구분한다면 이론과 실천의 영역으로 구별된다. 윤리학 또는 도덕의 궁극적인 목적은 인류가 오랫동안 살아남기 위해서이다. 올바른 행동을 해야 하는 이유는 결국 인류가 살아남기 위해서라는 것이다. 현실세계에서 도덕적 행위를 하는 이유는 사회질서가 유지되기 위함이다.

스포츠 윤리학은 스포츠세계에서의 올바른 행위체계를 연구하는 학문영역이다. 스포츠세계에서의 도덕적 사태는 고대 그리이스 올림피아 경기대회에서 나타났다. 고대 올림피아 경기대회를 공정하게 진행하기 위해 한 달 전에 모든 선수를 소집하여 동일한 생활환경과 연습환경을 제공하였다고 한다. 스포츠 세계에서 전통적인 윤리적 원칙은 페어플레이, 스포츠맨십, 아마츄어 정신이었다. 그러나 현대의 크게 확장된 스포츠의 세계에서는 이들의 원칙은 사라졌거나 내용이 크게 변화되었고, 끊임없이 새로운 원칙들이 만들어 지고 있다. 새롭게 만들어 지는 스포츠의 도덕적 원리는 다양한 영역에서의 윤리학적 연구, 사회적 현실 그리고 전통의 사태가 원천이 되고 있다.

사회적 현실에서의 모순을 극복하고자 하는 차원에서 새로운 윤리적 이념들이 만들어지고 있다. 한스 요나스(Hans Jonas)는 자신의 저서인 『책임의 원칙』에서 윤리적 행위의 원천으로서 책임의 원칙을 제시하였다. 그는 도덕적 행위의 대상이 단지 인간에게만 한정됨으로서 자연환경이 도덕적 중립지대가 됨으로서 자연환경의 황폐화 현상이 가속화되었다는 비판과 함께 자연환경에도 도덕적 지위를 부여해야 한다고 주장하였다. 자연환경과 관련된 행위에 근본적으로 도덕적인 가치판단의 상황을 부여하여 자연환경에 대해 올바른 행위를 선도하여 자연환경을 보호하고 유지할 수 있다는 것이다.

우리 전통에서 윤리적 계율은 아래의 '홍익 팔조금법'으로부터 출발한다(임균택, 1991).

> 살인자는 사형에 처하고, 남을 상해한 자는 곡물로 변상하고, 도둑질 한자는 남자는 노예로, 여자는 노비로 만들고, 자속하려는 자는 매사람

당 50만전을 내놓아야 한다. 소도를 훼손한 자는 금고형에 처하고, 예의를 못 지킨 무례자 파렴치한자는 군복무를 시킨다. 근로하지 않는 자는 부역을 시키다. 음란한 행동을 한자는 태형에 처한다. 사기친 자는 훈계 조처 한다.

이러한 금법은 엄격한 법적인 효력을 발휘하는 것으로 도덕적 행위의 원형으로 나타났다. 고구려시대에는 조의선인(皂衣先人)들인 무사들이 지켜야 했던 5계율은 국가의 틀을 지탱하는 도덕률이었다. 고구려의 5계율은 첫째, 효(孝)로서 부모에 효도하고 순종하며, 둘째는 충(忠)으로 나라를 충성으로 지키며, 셋째는 신(信)으로 성실과 신의로 살아가며, 넷째는 용(勇)으로 용맹으로 싸우고 비겁하지 아니하며, 마지막은 인(仁)으로 어진마음으로 인애해야 함을 말한다.

한편 신라시대의 청년수련단체인 화랑도에서도 계율이 있었는데 그것을 세속오계라고 하였다. 그것의 첫째는 사군이충(事君以忠), 둘째는 사친이효(事親以孝), 셋째는 교유이신(交友以信), 넷째는 임전무퇴(臨戰無退), 살생유택(殺生有擇)이었다. 이들 고구려의 조의선인 무사들과 신라의 화랑도의 무사들의 도덕률은 무예를 수련하면서 습관화하였다.

우리 전통사회에서 도덕적 계율은 주로 불교, 도교, 그리고 유교적 사상을 배경으로 하여 나타났다. 이들 사상은 각기 다른 과정과 방법을 사용하지만 궁극적인 목적은 자아를 발견하여 행복한 인간세상을 구현하는데 있다. 불교는 선(禪), 도교는 도(道), 유교는 인(仁)·의(義)·예(禮)·지(智)를 추구하지만 결국 인간이 올바르게 살아가는 방법을 제공하였던 것이다. 이러한 배경에서 무예는 군사적 용도에서는 사상적 배경이 소용없었다고 추측할 수 있겠지만, 종교적·교육적 수련의 과정에서는 사상적 배경이 스며들었을 것으로 추론된다.

우리의 전통무예가 제공하여 주었던 윤리적 가치를 파악해 보면, 첫째는 책임윤리를 실천하게 하였다. 우리 전통에서 학문적·신체적·종교적 수련의 궁극적인 경지를 도(道)라 부르는 것은 잘 알려진 사실이다. 무(武) 또한 궁극적으로 도(道)를 지향한다. 그래서 무도(武道)라 하는 것이다. 무도(武道)를 지향하기 때문에 구체적인 무예에서는 덕(德)이 따르기 마련이다. 따라서 맹자는 "인자(仁者)는 화살을 쏘는 행위와 같다. 화살을 쏘는 사람은 자기를 바로 한 연후에 화살을 쏘는 것이다. 화살이 비록 적중하지 않더라도 자기를 이긴 자를 원망하지 않는 것이다. 다만 자기의 잘못을 반성할 따름이다(『孟子』, 公孫丑 上)"라고 하였던 것이다. 이러한 무도에서의 윤리적 덕목은 자기책임에 있었던 것이다.

둘째는 함께 살아가는 공존윤리의 실천적 단련의 장을 제공하여 주었다. 전통무예는 수련 또는 수양의 의미에서 연마하는 과정에서 공격이 아니라 방어를 목적으로 한다. 또한 살생을 하기 위해서가 아니라 상생을 위해서 무예를 연마한다. 또한 무예수련이 경쟁의 배경에서 승리하려는 차원이 아니라 자아를 발견하고 도움을 줄 수 있는 실천적 능력을 배양함으로서 인간에 대한 공존의 덕목을 향상시켜준다. 그리고 전통무예의 연마는 자연과 호흡을 맞추어 이루어지면서 자연의 소중함이 근본적으로 스며들어 있다. 또한 무기 없이 행하는 무예는 주로 동물의 공격과 수비 동작을 모방한 것으로 동물의 중요성을 근본으로 하고 있다. 이러한 배경에서 전통무예는 자연과 공존해야 함을 당위적임을 보여주고 있다.

셋째로서 전통무예는 도덕적 행위의 실천적인 단련의 장을 제공하여 주고 있다. 전통무예는 도를 추구하려는 한 방법으로서 끊임없는 절제, 책임, 공존 등의 도덕적 규범의 원칙들이 동시에 연마하게 된다. 무예의 연마 과정에서 특성으로서 도덕적 규범이 자연스럽게 실천적으로 형성된다는 것이다.

3) 체육교육적 의미

'신체의 훈련 혹은 단련을 통하여 인간을 변화시키는 것'이 체육교육의 중심 과제이다. 체육교육에서 우선시 되는 것은 신체에 대한 인식이다. 서양철학의 체육교육학에 먼저 문제가 된 것이 바로 '신체'의 문제였다. 이러한 '신체'에 대한 인식론적 이해가 체육교육에서 중요하게 대두되는 것은 '신체'에 대한 인식을 바탕으로 하여 인간을 교육하는 것이 순서로 보기 때문이다. 이들의 신체에 관한 인식 중 전통무예 나아가 동양철학적 신체 인식과 유사한 것은 실존주의자 및 현상학자들의 '주체로서의 신체(body as subject)' 개념이라 할 수 있다. 이들의 신체에 대한 개념은 논리적인 분석에 의하여 이해되는 것이 아니고 인간적 의미와 인식의 방법에 의하여 이해되어져야 한다는 것이다.

예를 들어 메를로 뽕띠는 '신체-자아의 중심' 주제에 있어서 그의 연구 내용을 현상학 속에 정립하였다. 그에 따르면 인류는 감각들이나 지성적인 것이나 이들 두 형태의 연합에 있지 않는다고 한다. "나는 내 신체 자체이다. 나는 세상에 있어 관심의 중심이다." 그에게 있어서, 신체는 세상에 존재하고 행동하고 살아있는 존재인 것이다. 세계 중심 안에서의 사람, 신체를 통한 사람의 의식은 세계 안에서 존재의 전달 수단이었다. 신체에 대한 그의 이론을 현상학적 인식 또는 의식의 이론으로서 간주하고 있는 것이다. 신체와 세계를 연결시킴으로 해서 우리는 육체가 인식의 주체로서 있는 그대로와 자연 그 자체로 인식할 때 우리 자신을 재발견 하는 것이다. 신체 그 자체는 존재이며 따라서 주관적인 본성인 것이다(김영환 외 공저, 2002).

한국 전통의 사유 구조 속에서 화랑도 · 유교 · 불교 · 도교 등의 철학적 세계관은 본체론 · 인성론 · 수양론의 구조 속에 있다. 이러한 측면에서 체육활동은 몸 닦기로 설명할 수 있는데, 단순한 몸 닦기가 아닌 몸과 마음이 유기적인 관계 속에 있는 몸을 닦는 것이다. 따라서 이는 수양론의 영역에 속하는 것이다. 즉 본체론에서 다루어지고 있는 것을 천도(天道)라 하고 인성론(人性論)에서 다루어지고 있는 인도(人道)라 한다면 이 천인(天人)의 합일(合一)을 추구하는 것이 동양철학의 공통적인 목적이라 할 수 있다. 그런데 그러한 천인합일(天人合一)을 위해서는 반드시 수양(修養)이 필요한 것이다. 맹자의 호연지기나 이황의 경(敬)사상 들이 그러한 수양의 구체적인 방법임은 앞서 밝힌 바와 같다. 이러한 수양론은 결국 인간다운 인간이 되기 위한 방법이며, 인격완성을 향한 길임을 알 수 있는 것이다.

국궁・택견・씨름・검도 등 우리의 대표적인 전통무예 속에서도 무예의 단련을 통하여 궁극적으로 얻고자 하는 것은 바로 몸 닦기를 통한 인격완성의 길임을 알아야 한다. 이러한 점에 대하여 김창룡은 다음과 같이 밝히고 있다(무도연구회, 2003).

> 동양 무도의 특성을 인간과 자연의 단일성을 취하는 것으로 내면적 체험을 통해 이기심을 버리고 걱정과 성공지향에서 벗어나 무념의 상태, 즉 공(空)의 상태가 되기 위해 일생동안 자기의 행로를 따라가는 것이다. … 자기 수양의 계기(經・修業・術・道)를 통해 공허하고 무관심한 자아의 극치에 이르게 하여 자아실현 하는 것이다.

한국의 전통무예인 국궁・택견・씨름・검도 등의 신체적 활동의 목표는 개인적인 차원에서 볼 때 결국 인격의 완성에 이르는 것이다. 활을 쏘는 행위는 단순히 화살을 적중시키는 데 있는 것이 아니라, 내 마음 속에서 인욕(人慾)을 없애서 본성과 계합하는데 그 목적이 있는 것이다.

무예를 단련하는 것이 자신의 인격을 수양하는 하나의 도구로 간주할 때 우리는 서양의 스포츠에서 추구하는 경쟁과 승리와는 다른 차원의 육체적인 행위를 경험하게 되는 것이다. 현대 올림픽 대표가 국가를 대표하여 양궁 부분에 출전하여 좋은 기록을 세우는 위하여 활을 쏘는 행위와, 과거 선비들이 궁터에 나가서 활을 쏘는 행위는 그 외형적 모습에서는 같을지라도 그 내면에 있어서는 서로 다른 차원의 행위를 하고 있는 것이다. 즉 양궁선수가 외형적인 기록에 치우치는 반면 선비들은 내면적인 마음 상태와 전인적인 인격의 완성여부에 관심이 있는 것이다.

이는 택견의 품(品)밟기의 행위에서도 마찬가지이다. 전통무예의 정신을 간직하고 택견을 행하는 경우 품밟기는 상대방을 제압하기 위한 예비동작의 의미를 넘어 천(天)·지(地)·인(人) 삼재(三才)의 요소를 내 몸안에 간직하는 철학적 행위가 되는 것이다. 즉 전통 무예 속에 나타난 무도(武道)를 우리가 인식하는 순간 몸의 움직임이 우주와 하나 되는 인격의 수련 과정으로 다가오는 것이다. 전통의 관점에서 논란이 되고 있지만 태권도도 무예로서 전통의 상상적 특성들을 갖추고 있음을 볼 수 있다. 김창세는 태권도의 정의를 다음과 같이 말하고 있다(김창세, 1992).

> 태권도는 손·주먹·발을 사용하여 자기보다 강한 적을 물리칠 수 있는 기술을 익혀감에 따라 자신도 모르게 움트는 정신적 차원이 높아지기 마련이다. 정신적 차원이 높아진다는 것은 바로 강한 적을 물리칠 수 있는 담력 역시 강고해짐을 의미한다. 한마디로 말해서 태권도란 육체적으로 종합적인 운동인 동시에 정신적인 수양까지도 겸하는 움직이는 철학이라 하겠다.

위의 정의에서 볼 수 있는 바와 같이 태권도에 있어서 신체의 단련은 단순한 몸동작의 단련이 아니라 정신의 단련이며, 이는 정신 수양과 밀접하게 관련되어 있음을 알 수 있다. 이와 같이 전통무예의 신체적인 활동은 그것이 바로 인격함양을 위한 수양적인 측면에서 이루어지고 있음을 알 수 있다. 또한 신체에 대한 인식은 '주체로서의 신체'로서 인식한 메르로 뽕띠와 유사하게, 우주와 인간의 심성간의 일치를 꾀하는 주체로서 개방적이고 확장적으로 인식하고 있음을 알 수 있다.

이와 같이 우리 전통 무도는 서구의 스포츠와는 달라 승패를 중심으로 한 경쟁적 놀이문화로 발전하지 않고, 도(道)개념을 중심으로 하여 음양(陰陽) · 강유(剛柔) · 허실(虛實) · 내외(內外) · 동정(動靜) 등의 개념들을 원용하여 신체활동을 철학화하는 수행문화로 발전하였다. 무도는 국소 해부학과 이에 기초한 장기 기능학에 근거한 신체관과 외부 환경과 밀접하게 연계된 기능체로서의 건강관에 바탕한 신체 수련법이다. 따라서 이러한 무도는 서양적 체육관이나 스포츠 과학의 시각으로 설명되거나 해석되기 어려운 부분이 많이 있을 수밖에 없고 또 그러한 부분이야말로 무도의 본질적 가치라 할 수 있다(양진방, 1999).

4) 사회적 의미

니스벳은 동양과 서양의 차이를 집단주의와 조화 및 개인주의와 추상화로 구별하였다. 집단주의는 사물들은 사물들대로, 인간들은 인간들대로 그리고 사물과 인간들은 서로 연결되어 있는 상호관련성을 바탕으로 하고 있으며, 개인주의는 개별적이고 독립적이 요소라는 것이다. 특히 동양에서는 인간은 사회적이고 상호의존적인 존재로서 삶 속에서 가장 중요한 것은 인간들 사이에서의 화목 그리고 인간과 자연의 융합이었다(리처드 니스벳저, 최인철역 2004).

우리 전통에서도 인간들의 화목 그리고 인간과 자연의 친화는 농경공동체사회를 배경으로 가장 중요한 덕목이 되었다. 농경사회에서는 자연에 적응해나가는 과정에서 인간 개개인의 능력의 한계를 인식하여 다양한 공동 노작의 제도가 설치되었다. 이러한 배경에서 집단내의 구성원을 신뢰하고, 쉽게 의사소통하는 상호의존적인 단서들을 통해 끊임없이 상호의존 내지는 공동체 정신을 유도하였다(리처드 니스벳저, 최인철역, 2004). 이러한 생태학적으로 자연스럽게 형성된 공동체의 역사는 철학적 이념들과 접목하면서 더욱 확고해진다.

한편 유학의 이념인 수기치인(修己治人)은 우리의 가장 가까운 역사인 조선시대의 금과옥조였다. 이것은 자기 자신을 다스리고 난 후 남을 다스린다는 것이다. 유교적 관점에서 보면 개인이 자기의 행실과 내면을 바로 잡아 다른 사람과 만나는 데서 예(禮)가 나오는 것이기 때문에 엄밀한 의미에서 수양론적인 특징이 사회의 공화성을 만들어 나가는 기초가 된다고도 볼 수 있다. 전통 무예에 나타나 있는 사회철학적인 내용의 중심에는 공화성(共和性)과 제의성(祭儀性)이 있다는 것이다. 공화성이란 공동체의 화합을 말하는 것으로 앞서 이에 대한 내용을 자세히 언급하였다. 이러한 정신은 근대 올림픽 정신과도 상통하는 것이다. 예로부터 우리민족은 평화를 존중하였으며, 홍익인간(弘益人間)이란 이념이 그것을 잘 말하여 주고 있다.

제의성이란 제사를 지내는 기능을 말한다. 즉, 전통무예를 통하여 신과 조상에게 제사를 지내는 기능을 해오고 있음을 말하는 것이다. 이는 앞서 언급한 바 있듯이 공동체의 제의를 행하는데 씨름이 벌어졌다는 사실에서 단적으로 드러난다. 박규수의 문집인『헌재집(獻齋集)』권1에 실린 시(詩)를 살펴보자(한양명, 2000).

> 정견신모(正見神母) 사당에서 해마다 봄 제사 드리고
> 한바탕 씨름으로 자웅을 가리네
> 돌아오는 길 신상(神像)을 겨루며 옛 춤을 어울리니
> 달이 떠오르매 긴 소매 펄럭이네

해마다 봄 제사를 드리고 씨름을 행했다는 기록으로 이는 단오에 씨름이 행해졌다는 『동국세시기』의 기록과도 일치한다. 즉, 씨뿌리기를 마치고 풍년을 비는 제의적인 목적으로 그것도 신당(神堂)에서 씨름경기가 행하여 졌음을 알게 한다.

이러한 제의성은 제정일치시대의 제천의식으로부터 연원이 된 것이지만, 우주론과 심성론 등의 철학이 발달되어진 시기에 와서도 천인합일의 구조 속에서 수양의 방법을 통하여 내재적으로 계승되어진다고 해석할 수 있다. 이러한 점은 동학에 있어서 종교적 수련의식으로 검무(劍舞)가 행해지고 있는 사실에서 찾아볼 수 있으며, 단군을 신앙하는 종교에서는 활이나 검을 신앙의 상징물로 활용하고 있는 데에서도 이러한 기능을 알 수 있게 한다.

이처럼 전통무예는 단순히 개인적인 차원에서가 아니라 사회적인 차원에서도 공동체의 화합과 번영을 위한 기능을 하고 있음을 알 수 있다. 이러한 점은 이들의 몸과 무예에 대한 인식은 몸과 정신 사이의 조화뿐만이 아니라 개인과 사회의 통로 또한 조화되고 개방되어진 인식을 토대로 하고 있는데서 비롯된 것이다.

예를 들어 씨름의 경우 마을 간의 대동놀이의 성격이 강함을 볼 수 있다. 전통사회 속에서 행해진 마을단위의 씨름 속에서는 소속마을의 위신과 명예를 소중히 하며, 결국 마을의 단합과 화합을 목적으로 하고 있다. 1930년대 경북 청도군에서 행해진 씨름의 구체적인 예를 통하여 살펴보도록 하자(한양명, 2000).

> 대보름이 되면 씨름판을 꾸릴 뜻이 있는 마을에서 인근 마을들에 '사통'을 들인다. 사통은 '아무 날 저녁에 우리 마을에서 씨름을 붙이오니 많이 참석해 달라'는 내용을 담은 글 또는 말이다. 사통을 받은 마을에서는 처낭대(서낭대)를 앞세우고 풍물을 꾸린 뒤 횃불을 들고 사통을 돌린

> 마을로 찾아간다.(중략) 씨름은 마당따께씨름[마당닦이 씨름, 어린이 씨름]으로부터 시작하여 중씨름을 거쳐 상씨름에 이른다. 대전방식이 '지워내기'이며 연전연승 씨름판에 나선 모든 이들을 지워내면 '판을 땄다'거나 '판을 막았다'고 한다. 판을 딴 씨름꾼이 속한 마을 사람들은 그 씨름꾼의 승리를 마을의 승리로 생각하였으며 그를 앞장세우고 마을로 돌아와 잔치를 벌였다. '넉사동이'란 말이 있는데 네 동, 즉 40명을 이겨 판을 딴 사람을 이르는 말로서 기량이 출중한 씨름꾼을 이렇게 불렀다.

위의 예에서 볼 수 있듯이 씨름꾼은 소속 마을로부터 위임을 받은 대표성을 받아 경기에 참여하였으며, 따라서 이들의 승리는 마을의 축제로 변하게 되는 것이다. 즉 전통무예가 단순히 개인적인 신체단련을 목표로 한 것이 아니라 마을 공동체의 화목과 대동의 목적으로 이루어지고 있음을 볼 수 있는 것이다.

전통무예의 사회적 요소로 주목되는 또 다른 측면은 '예(禮)'이다. 무도에 공통적으로 나타나고 있는 '예(禮)'의 강조는 오늘날 청소년들의 사회성의 부재를 해결할 수 있는 중요한 대안으로 떠오르고 있다. 전통적인 무도는 '예(禮)에서 시작하여 예(禮)로 끝을 맺는다'라고 하여 무도 수련과정에서는 정립(定立), 정좌(正坐)의 자세가 요구된다. 이러한 자세는 인간의 올바른 생활태도를 갖게 한다. 예의는 자신을 낮추고 남을 높이는 겸손함을 의미하는데 겸손한 자세를 통하여 자신을 순수하고 참된 마음의 상태에 유지하게 한다. 무도의 수련은 이러한 절도 있는 자세와 타인을 존중하는 예의로부터 출발하여 마침내 정도(正道)에 이르게 하는 것이다.

본래 인간의 생존을 위해 진투능력을 배양시키기 위한 목적으로 출발한 격투기로서의 성격을 지닌 무도가 오늘날 원만한 사회생활을 할 수 있도록 인간을 변화시키는 교육적 기능을 띠고 있는 데는 바로 '예(禮)'의 강조와 수련을 통한 훈련에 있다 할 것이다(박동철, 1995).

3. 결 론

이상으로 한국 전통무예에 담긴 체육철학적 의미에 대하여 살펴보았다.

현대사회 속에서 전통무예를 표방하는 많은 단체들이 생겨나고 있다. 이미 많은 학자들이 지적한 바와 같이, '현재 전통무예로 표방하는 단체가 과연 역사적인 전통성과 정통성을 간직하고 있는가?' 하는 문제는 의문의 여지가 많다. 그럼에도 불구하고 역사적인 기록물들을 통하여 전통무예에 대한 연구와 복원 작업은 그 의의가 크다 하겠다. 아울러 전통무예 속에 담긴 철학적 의미를 도출하는 작업은 현 체육학계에 부여된 사명이라 생각한다.

본 연구는 권오륜(1999)의 「체육학의 동양철학적 접근」, 정응근 · 오정석(1991)의 「동서 체육사상의 비교 연구」 등 동양철학적 입장에서 체육학을 규명하려는 선행 연구자들의 많은 영향을 받았다.

또한 현대 사회 속에서 전통무예가 지니는 철학적 의미를 규명하고자 하였다. 기존의 연구 성과를 바탕으로 하여 네 가지의 영역으로 나누어 살펴본 것이다.

심신론적 의미를 통하여는 서양과는 달리 심신을 하나의 통일체로 파악하는 것이 동양무예의 특징임을 밝혔다.

윤리적 의미에 있어서는 궁극적으로 무(武)의 도를 지향하면서, 도덕적 행위를 훈련시키고, 도덕적 삶을 살아나가도록 한다는 점을 밝혔다. 체육교육적 의미에 있어서는 전통무예의 수련은 동양철학의 수양론에 해당하며, 단순히 무예의 단련이 아닌 천 · 지 · 인의 동양철학의 원리가 담긴 것을 교육한다는 점을 밝혔다.

사회적 의미에 있어서는 전통무예에 나타난 공화성 · 제의성 등을 통하여 공동체적인 삶의 원리인 사회적 의미를 강조하였다.

전통무예는 오랫동안 우리 민족의 삶에 있어서 중요한 역할을 해 왔다. 그럼에도 불구하고 현대인에게 있어서는 단순히 과거의 것으로 여기거나 혹은 상업주의적 목적에 의하여 그 실용성을 파악하는 경향이 있다. 이러한 인식은 전통무예 속에 닮긴 철학적 의미를 제대로 파악하지 못하는 데서 오는 한계라 할 수 있다.

본 연구는 체육철학의 관점에서 전통무예가 가지는 중요성을 구체적으로 부각시켰으며, 아울러 현대체육의 발전 방향에 있어서 전통무예 속에 담긴 철학적 의미를 활용할 수 있도록 문제 제기를 하였다는 데 그 의의가 있다고 생각한다.

참고문헌

『孟子』. 公孫丑上.

『小學』.

박규수. 『獻齋集』.

이황. 『活人心方』.

허준. 『東醫寶鑑』.

권오륜(1999), 『체육학의 동양철학적 접근 : 스포츠의 철학적 이해』, 서울 : 태근.

김영환 외 공저(2002), 『체육철학』, 서울 : 연세대출판부.

김창세(1992). 『태권도란 무엇인가』, 태권도협회, 태권도 제4호.

리처드 니스벳저, 최인철역(2004), 『생각의 지도』, 서울 : 김영사.

이진수(2001), 『한국체육사상사』. 서울 : 한양대출판부.

임균택(1991), 『한사상과 윤리』, 서울 : 형설출판사.
H. J. 슈퇴릭히저, 임석진역(1981), 『세계철학사』, 서울 : 분도출판사.

김철(1996), 「동・서양의 신체관 비교」, 원광대 박사학위논문.
박동철(1995), 「현대무도의 실천적 의미와 인간형성」, 세종대 박사학위논문.
박현우(1992), 「체육의 개념과 신체관의 문제」, 『한국체육학회지』 31(2), 한국체육학회.
박현우(1987), 「Descartes 이원론 극복을 위한 Merleau-Ponty 신체관의 체육철학적 고찰」, 서울대 석사학위논문.
배정하(1995), 「이퇴계의 보건체육사상에 관한 연구」, 동아대 박사학위논문.
정응근・오정석(1991), 「동서체육사상의 비교연구」, 『논문집』 12, 서울대 체육과학연구소.
한양명(2000), 「전통씨름의 대동놀이적 성격에 관한 연구」, 『한국민속학』 18, 한국민속학회.

한국 전통무예 철학으로서 '무도(武道)'*

1. 서론

현재 한국 사회에는 전통무예 단체임을 표방하는 수많은 단체들이 활동 중에 있다. 과거 전통무예는 군사적인 훈련의 목적이 강하였지만, 현대에는 개인의 수련 목적이 강하다. 1990년을 전후하여 우리 사회에는 전통무예 단체들이 급속히 증가하였다. 또 일부 무예를 하는 사람들이 상업적인 이유로 새로운 명칭으로 포장만 바꿔 전통무예로 주장한 경우가 많다고 한다. 실제로 국민체육진흥법 제 11조에 의하여 생활체육지도자 과정으로 인정하는 체육종목의 대다수가 전통무예를 표방하고 있다(나영일 등, 2001).

그런데 엄밀한 의미에서 '전통무예'를 계승하고 있는 단체는 드물다. 비록 '전통무예' 단체의 역사적 계승성과 정통성의 문제에 있어 많은 단체가 문제가 있는 것은 사실이나, 활동하는 전통무예 단체 자체를 부정할 수는 없는 것 또한 현실이다.

'전통무예단체'의 정통성을 가리는 학적 검토 작업도 중요한 문제이지

※ 본 논문은 한국스포츠리서치에서 2005년에 발간한 『한국스포츠리서치』 16권 2호 927-936쪽에 실린 논문이다. 원 제목은 「한국 전통무예 철학으로서 '무도(武道)'에 대한 고찰」이다.

만, '한국의 전통무예에 대한 철학이 무엇인가' 하는 문제 또한 체육학계에 던져진 중요한 문제이다. 철학이란 본질과 궁극적인 목표점이 무엇인지를 묻는 작업이다. 철학적 대상에다 따라 서양에서는 철학의 범주를 존재론(형이상학), 인식론(논리학), 가치론(윤리학), 예술론(미학) 등으로 구분하고, 동양에서는 본체론(우주론), 심성론(인간론), 수양론(실천론) 등으로 나누고 있다. 이러한 분류에서 보자면 전통무예의 경우 동양철학적인 범주에서 파악될 수 있으며, 수양론(실천론)에 해당된다고 볼 수 있다.

최근 수많은 전통무예 단체들의 출현은 체육에 대한 영역의 증대라는 측면에서 본다면 반가운 일이지만 상업적인 요소로 흐르는 측면이 있어 꼭 바람직하다고는 평가할 수는 없다. 전근대 사회에 있어서 무예란 개인의 무력수단이나 호신 능력 이상의 의미가 있었다. 즉 무예란 국가의 방어체계와 관련되어, 병기 또는 무기를 다루는 기술을 포함한 전투능력을 의미하는 것이었다. 그러나 과학기술의 발달로 인하여 무기가 첨단화됨으로서 전통무예가 군사적인 의미에서 차지하는 역할은 현저히 감소되었다.

'미래사회 전통무예의 역할과 기능은 무엇이어야 하는가?' 하는 문제가 체육학계 던져진 문제 중의 하나이다. '웰빙'이란 말이 언젠가부터 우리사회에 유행하고 있듯이 미래사회 인류는 물질적인 풍요만이 아닌 삶의 가치와 질을 중시하는 경향성을 보이게 될 것이다. 전통무예가 미래사회에서 가져야 할 역할은 이러한 '웰빙'의 흐름을 따라가야 한다. 즉 전통무예의 목적이 군사적 목적에서 심신(心身)의 단련으로 그 목적으로 옮아왔다면, 앞으로는 몸과 마음의 건강은 물론 정서적인 여유와 아름다움을 향유하는 웰빙적 삶을 그 목표로 두어야 한다고 생각한다.

본고에서는 미래사회에 있어 전통무예의 역할이 새롭게 변모된다는 가정 아래에서, 이러한 '전통무예의 철학이 무엇인가'하는 문제를 탐구 하고자 한다. 특히 상업주의에 치우쳐 무예의 본질적 가치인 '도(道)'를 도

외시 하고 있는 현실 속에서 '무도(武道)'가 지니는 철학성에 대하여 새롭게 고찰하고자 한다. 이를 위하여 무술·무예·무도의 개념에 대한 재고찰과, 동양철학의 관점에서 바라본 전통무예, 그리고 철학적 지향점으로서 '무도(武道)'에 대하여 차례로 살펴보고자 한다.

기존에 연구되어진 선행연구를 토대로 하고 동양철학적 방법론에 입각하여 진행하는 본 연구는 한국 전통무예의 체육철학적 본질을 묻는 작업을 통하여 이론적 정초를 세우는데 일조하고자 한다.

2. 무술·무예·무도의 개념

일반인들 사이에서 전통무예는 고유한 문화로 인식되고 있으면 이에 따라 몇 종목은 훌륭한 문화상품으로서 자리매김하고 있다. 전통무예의 체육철학에 대한 학문적 관심 또한 증대되고 있다. 특히 1999년부터 발간된 대한무도학회의 『대한무도학회지』를 통하여 이와 관련된 연구물이 매년 나오고 있으며, 단행본으로는 김창룡의 『스포츠철학』, 체육사상연구회의 『스포츠의 철학적 이해』, 김대식의 『무도론(武道論)』, 무도연구회 편 『강의노트 무도론(武道論)』 등 최근 들어 본격적인 연구물들이 나오고 있다. 이제 전통 무예에 대한 관심을 넘어 무도에 대한 본격적이고도 다양한 담론이 이루어지고 있는 것이다.

그러나 많은 전통무예에 대한 연구물들은 진실성과 합리성의 측면에 있어 많은 문제점을 드러내고 있는 것이 사실이다. 이에 대하여 나영일은 다음과 같이 지적한 바 있다.

> 태권도 유도와 함께 요즘 한창 인기를 끌고 있는 민속경기는 씨름이다. 씨름이 과연 어떤 역사를 거쳐서 오늘의 이러한 모습으로 존재하는

> 지, 씨름의 본질과 의미는 무엇인지, 일본이나 홍콩의 씨름과 어떠한 차이와 특색이 있는지 그리고 씨름이 우리에게 단순한 볼거리 이상의 어떤 교육적 의미가 있는지에 대하여 역사적으로나 철학적으로 내세울만한 연구업적이 많지 않다. 태권도나 씨름 같은 가장 대표적인 대중적 민속경기들이 그들의 역사와 철학에 대하여 합리적이고 분명한 논리가 빈약한 것이 오늘의 실정이다. 우리나라의 전통무예는 실재하기는 하지만 이것의 정확한 모습과 전수과정, 나아가 원리, 원칙, 철학 등은 자세히 고찰되어 있지 못하다(나영일, 1994).

이러한 지적은 그동안 우리 학계에서 심각하게 받아들여졌고 노력한 결과 어느 정도 진척이 되고 있는 것은 사실이지만, 근본적인 문제는 여전히 노정되고 있는 것으로 보인다. 물론 일제강점기와 해방 후 서구문명의 무분별한 도입으로 우리의 전통이 단절된 면이 가장 큰 문제이지만, 그나마 남아있는 자료도 한문 해독력의 빈약과 학자층의 빈약함으로 인하여 연구 성과가 진척되지 않는 것도 문제라 할 수 있다. 또한 정책적인 면에 있어서도 적절한 대응이 부족한 것이 문제라 할 수 있다. 이에 대하여 정웅근의 "우리나라의 무예에 대한 학문적이거나 정책적인 대응이 얼마나 체계적인지에 대하여 반성을 촉구하는 것이 현 시적에서 때늦은 감이 없지 않다. 다만 보다 본격적인 작업에 앞서 가장 기초적인 개념의 정의 영역, 보다 중요하게는 공유하는 개념을 확보하는 부분에서부터 시작해야 한다고 생각한다."(정웅근, 2001)라는 말을 주목할 필요가 있다.

또 무예사가 아닌 무예철학의 분야에 있어서는, "무술·무예·무도의 개념에 대한 구분과 우리사회에서 무적(武的) 실천에 대한 대개념의 요구는 이 분야에 종사하는 사람들의 중요한 과제이다. 특히 이 분야를 학문화하려는 노력에 있어서 가장 먼저 해결해야 할 과제이다."(양진방, 1999)라는 양진방의 주장처럼, 무술·무예·무도의 개념 정의는 우선되어야 할 과제라고 생각한다. 이 주제에 대하여 그동안 양진방 이외에도 김창룡, 최복규, 나영일, 김용옥, 임동규, 정응근, 스티븐케패너 등이 비중 있게 언급하였다.

이들 중 먼저 논쟁점으로 부각된 것은 무술, 무예, 무도의 용어를 사용하는 것이 각 나라와 민족들의 역사 속에서 그들이 애호하는 용어가 있다고 보는 최복규의 견해와 용어와 지역의 연계적인 사고를 지양해야 한다는 양진방의 견해이다.

먼저 최복규의 견해를 살펴보자.

중국이나 한국의 경우에는 전통시대에 '무술'이나 '무예'라는 용어가 동일한 의미로 사용되었고, 그것이 현대적으로 계승되는 과정에서 체육활동 내지 문화현상으로 새롭게 자리 잡았다. 또 중국에서는 '무술'에 대한 이론화 작업을 시도하면서 지속적으로 '무술'을 새롭게 정의하였고, 무술계 내에서 이를 인정하는 합의를 이끌어 내려고 노력하였으며, 이러한 성과가 최근에는 '무술학'이라는 학문 분과가 탄생하게 된 배경이다. 마찬가지로 일본의 경우도 '무도'라는 특정한 학문분야를 개발하여, 일본 특유의 정신으로 승화하려는 의도적으로 노력의 결과 '무도'가 학계에 자리 잡게 되었다.

일본이나 중국 어느 경우를 보더라도 '무술'이나 '무도'를 자국의 문화적 전통 내지는 문화적 배경을 토대로 하여 정책적 차원에서 의도적으로 발전시켜가고 있음을 알 수 있다. 그러므로 '무술'이나 '무도' 모두 현대적으로 새로운 개념으로 정착하면서, 이미 보편개념으로서의 가능성과 지역적 문화 전통이라고 하는 제한적 개념으로서의 한계를 동시에 지닌다고 이해할 수 있다(최복규, 2000).

최복규의 이러한 이해방식은 무술적 문화행위를 통칭하여 중국에서는 '무술'로, 일본에서는 '무도'로 불리어지고 있다는 현실의 반영이외에 무술·무예·무도의 본질에 관한 그리 의미 있는 정보를 우리에게 주지 못한다(용인대학교 무도연구회편, 2003). 그럼 양진방의 견해를 살펴보자.

> 우리는 이제 일본의 무도, 중국의 무술, 한국의 무예 등과 같은 협애한 전통논리에서 벗어나 동양의 무술, 무도의 보편적 가치를 통합하여 세계화 할 수 있는 방안으로 나가야 한다. 이 작업을 가능케 하기 위해서 먼저 우리는 우리 것, 또는 한국적이란 특수성에 대한 집착에서 벗어나 동양적이란 보편성에 주목하는 것이 필요하다. 일본에서 발전한 개념이건, 중국에서 발전한 개념이건, 그것이 동양적 세계관을 포괄하는 보편성을 가지고 있다면, 우리는 그것들을 활용하여 무도에 관한 보편개념과 일반이론을 구성할 수 있는 것이다. 중국과 일본이 우리에 비하여 상대적으로 풍부한 언어와 이론을 가지고 있다고 할지라도 어느 한편의 것만으로는 오늘날의 요구에 맞는 통합적 설명체계를 이루기에는 턱없이 빈약한 형편이라는 현실을 인식할 때, 만약 우리가 국가와 협애한 문화권의 올을 뛰어 넘어 통합 작업을 통한 동양무도에 관한 새로운 이론체계의 확립을 꾀해야 할 것이다(양진방, 1999).

이와 같이 양진방은 무예·무술·무도 중 보편개념으로 '무도'를 강조하고 있음을 볼 수 있다. 그는 '무도'의 연구에 있어서 동양내의 국가 간의 문화적 비교나 무술 유형별 비교론에 너무 사로잡혀 있는데서 벗어나 동양의 무술, 무도에 대한 보편적 이해의 기초를 확보하는 작업을 먼저 진행해야 한다고 주장한다. 또 우리가 먼저 주목해야 할 사실은 아직까지 한·중·일의 어디에서건 무술·무도를 통합적으로 설명할 수 있는 개념과 이론체계가 확립된 곳이 없다는 점을 강조한다. 중국과 일본은 분명히 역사적으로 무술문화가 풍부하고 또 그 사료들이 많이 남아 있으며 사회적으로 비교적 중시되어 왔다. 그러나 동시에 이러한 전통의 풍부성 때문에 자신들의 문화적 틀을 뛰어넘는 종합과 확장은 사실 힘들다. 이런 점에서 우리 무도계가 역설적으로 이러한 종합과 확장의 작업을 추진할 수 있는 가능성이 더욱 많다고 주장한다(양진방, 1999).

결국 최복규는 '무예'라는 용어를 통하여 한국 전통무예사라는 역사적인 정리를 시도하고 있는데 반하여, 양진방은 '무도'의 개념을 통하여 철학적 특징을 규명하려는 의도가 있음을 발견할 수 있다. 이러한 점은 다음의 양진방의 글에서 분명히 나타난다.

> 이제 '무도'는 분명히 세계적 문화이다. 그러나 그것은 분명히 동양의 문화로서 세계적이다. 일본의 무도, 한국의 무도, 중국의 무도를 따 전에 무도에 대한 보다 체계적이고 깊이 있고 세련된 개념체계와 그것에 바탕한 각종 무도적 소프트웨어를 원할 뿐이다. 이러한 무도의 세계 전망에 바탕하여 무도에 대한 통합적이고 보편적인 설명의 틀과 무도 자체의 개념에 새로운 정을 우리가 먼저 해 나가야 한다. 그러나 지금까지 진행되어온 것과 같은 서양 체육학의 견해에 의존하는 '무도'의 과학화는 지양되어야 한다. 이러한 방향으로의 과학화는 '무도'의 본원적 가치를 상실할 뿐만 아니라 '무도'에 관한 지적 소유권과 권위를 모두 잃게 하는 결과를 가져올 뿐이다. 오히려 서구 체육학의 세계관에 대항할 수 있는 동양적 체육의 철학과 특성을 대표하는 것으로서 '무도'의 개념을 확대 규정해 나가야 한다(양진방, 1999).

그렇다면 무술, 무예, 무도의 개념을 어떻게 할 것인지를 살펴보자.

먼저 '무(武)'의 자의적 의미는 중국 최고의 자전인 『설문해자(說文解字)』를 통하여 알 수 있다. 『설문해자』에 의하면 '武(무)'자는 '止(멈출지)'와 '戈(창과)'가 합하여 이루어진 회의문자이다. 즉 창으로 대표되는 '폭력을 멈추는 것, 또는 막는 것'을 무(武)의 본의로 보는 것이다. 이러한 일반적인 해석에 대하여 김정행은 '止(지)'자의 원 의미를 '발 지(止)'로 보고, 이 때의 '발'이란 발의 모양을 말하는 것이 아니라 걸어가는 동작으로 보고 있다. 즉 '무(武)'를 '무기를 들고 씩씩하게 걸어가는 동작', 즉 '방해와 곤란을 뚫고 용감하게 나아가는 것'으로 해석하기도 한다. 이러한 해석은 무(武)의 방어적, 소극적 해석을 넘어 고대 사회에서 무(武)가 가졌던 사회적 의미나 정치적 의미에 주목하는 것이라 할 수 있다. 이것은 그간의 무(武)적 행위가 단순히 창을 막는다는 현실적 목적을 넘어서 사회적 정치적 목적을 실천하는 이념적 성격을 가지는 것에 대한 인식이라고 할 수 있다. 무술은 단순히 신체 기술적 행위로 그치는 것이 아니라 사회적 실천 행위일 수밖에 없다는 것을 말하는 것이다(용인대학교 무도연구회 편, 2003). 또한 무도에 관련한 담론은 주로 무술·무예·무도의 개념의 차이가 무엇이며, 우리나라의 무적(武的) 행위를 무술·무예·무도 중 어떤 것으로 언어화, 개념화하는 것이 타당한지에 대한 논의를 중심으로 진행되어 왔다. 무술·무예·무도의 개념의 차이는 대개 한자의 자의(字意)에 바탕한 해석을 위주로 한 수준에서 시작되는 경우가 많은데, 이러한 맥락에서 가장 보편적으로 통용되어 오고 있는 의미를 단순화시켜 살펴보면 다음과 같다(양진방, 1999).

> 무술(武術) : '술(術)'의 자의(字意)에 바탕하여 기술의 중시, 그리고 기술의 실천적 측면을 강조하여 생사를 건 대인 격투기술이라는 본질적 가치를 강조하는 관점을 말한다. 따라서 이러한 개념으로서 무술은 정신적 측면에 대한 인식이 아직 발달하지 않았거나 강조되지 않는다는 점을 암시적으로 전제하는 경우가 많다.
>
> 무예(武藝) : '예(藝)'를 예술, 표현, 미 등과 관련하여 해석하여 기술이 실천적 가치를 넘어 미적·예술적 경지를 지향하는 관점을 의미한다. 이러한 자의적 의미에 근거하여 무술보다 한 차원 높은 기술적 차원을 무예로 이해하려는 이들도 있다.
>
> 무도(武道) : 도(道)의 자의와 일반적 의미에 관련하여 '무도'를 기술성을 초월하는 정신성, 철학성에 강조를 두는 수련관으로 이해라는 경우가 많다. 그러나 이 때 그 정신성이나 철학성의 정확한 규정은 대개의 경우 애매하거나 모호한 편이다.

이와 같이 무술·무예·무도의 자의적인 개념을 통하여 보면, 술(術)과 예(藝) 그리고 도(道) 사이에는 가치의 계층성이 존재함을 볼 수 있다. 즉 '예'가 '술'보다는 상위의 개념이며, '도'가 '예'보다는 상위의 개념으로 해석하고 있음을 볼 수 있는 것이다. 이러한 해석은 무도를 보다 궁극적인 요인으로 해석하려는 입장이다. 그러기에 양진방은 "'무도(武道)'가 '무술'과 '무예'의 개념을 파악할 수는 있지만, '무술'이나 '무예'는 '무도'가 지닌 개념의 내포와 외연을 포괄할 수 없는 제한적 의미가 있다는 측면에서 '무도'를 그 대(大)개념으로 삼아야 할 것으로 생각한다."(양진방, 1999)고 말하는 것이다.

또 다른 무술, 무예, 무도에 대한 이해의 틀은 이들 세 개념을 무술의 발전사적 관점에서 파악하는 것이다. 이는 무술→무예→무도라는 단계로 단선적 혹은 진화론적으로 발전해온 것으로 보는 시각이다. 이 관점은 초보적 수준의 실용적, 실질적 효용성을 중심으로 수련되어온 무술이 보다 기술적으로 정교하고 미적 예술적 차원의 무예로 발전하고, 나아가서 무술이 바로 대인 격투의 수단이라는 실용적 차원을 넘어 수련자의 정신적·인격적 목표로 하는 교육적 또는 종교적 가치의 실현을 추구하는 무도로 발전해 왔다는 것이다(체육사상연구회, 1999).

이와는 대조적으로 무술, 무예, 무도의 소통성 내지 역동적 상관관계를 더 중시하고 있다고 보는 경해가 있다. 이택후(李澤厚)는 『화하미학(華夏美學)』을 통하여 다음과 같이 말하고 있다.

> 이러한 신체적 기능들을 익히고 장악하는 데는 반드시 전문적인 훈련이 필요하다. 음악이 '예(藝)'에 속하는 것도 물질공구에 대한 숙련기능의 장악(이를테면 악기의 연주)에 대한 요구와 관련이 있다. 기타 네 가지가 요구하는 바의 기술성의 숙련도 곧 더욱 분명해 진다. … 군자는 물질기능과 관련된 일체의 훈련에 대해서도 반드시 숙련과 장악이 있어

> 야 함을 말하는 것이다. 물질기능에 대한 장악은 곧 자연에 대한 합규율성의 이해와 운용이 포함되어 있다. 기능에 관한 숙련 장악은 자유의 감정을 생산하는 기초이다. 소위 '예에서 노닌다[遊於藝]'의 유는 바로 이러한 장악 중의 자유의 감정을 두드러지게 하는 것이다. … 그것은 객관기예, 사물 규율의 물질 실천성에 대한 숙련된 장악과 자유로운 운용을 표지할 뿐만 아니라, 하나의 규율의 장악으로부터 자유를 획득하여 실천 역량을 구유하고 있는 인격의 완성을 나타낸다(이택후, 1990).

이처럼 기능에 대한 규율성의 장악, 즉 '술(術)'의 숙려과정이 수련자에게 자유의 감정을 주는 기초이며, 기능 수행에서 자유의 감정의 획득이 신체기능의 예술적 척도가 됨을 말하고 있다. 또한 화성(畵聖), 서성(書聖) 등 특수한 분야에서 기능의 숙련 장악이 일정한 경지에 도달하여 기능이 완숙하게 되면 이러한 사람은 신(神)이나 혹은 성(聖)이라 부르는 것이다(용인대학교 무도연구회편, 2003). 이러한 견해는 무술·무예·무도의 내적으로 서로 결합된 측면을 부각시키는 견해이다.

이상의 기존연구자들의 견해들은 모두 나름의 논리적 타당성을 가지고 있어 누구의 견해가 옳고 누구의 견해가 그르다고 평가하기는 어려울 것 같다. 다만 무엇을 상위 가치로 놓느냐에 따라 논리적인 차제가 형성될 뿐이다. 먼저 최복규와 양진방의 견해의 핵심적인 차이는 한국의 전통 무술·무예·무도의 개념 중 어느 것을 사용해야 하는가 하는 문제로 볼 수 있다. 즉 최복규는 '무예'로, 양진방은 '무도'로 해야 한다는 것이 이들의 결론이다. 그러나 이 문제를 분석하여 보면 두 가지의 문제가 혼재되어 있음을 알 수 있다. 하나는 '한국의 경우에 있어서 무술·무예·무도를 아우르는 개념을 무예로 할 것인가, 무도로 할 것인가?' 하는 문제와, 다른 하나는 '무술·무예·무도의 궁극적인 가치는 무엇인가?'하는 문제이다.

첫째의 문제는 '대개념' 혹은 '총괄 개념'의 문제이고, 두 번째 문제는 '개념상의 차별성 내지 심층성의 차이'에 대한 문제이다. 이에 대한 논자의 견해를 밝히고자 한다.

첫 번째의 문제에 대하여, 대개념의 문제는 '무예'와 '무도'의 어느 것을 사용해도 상관이 없다고 보여 진다. 이것은 학계와 무예(무도)단체들의 합의에 의하여 결정하면 해결이 되는 문제이다. '무예'라 할 경우, '중국-무술, 일본-무도, 한국-무예'라고 하는 지역적인 특성을 살릴 수 있고, 영어의 번역인 'Martial Arts'와도 통하는 개념이므로 무방하다고 생각한다. 또 '무도'라고 할 경우, 무도의 개념의 외연이 가장 넓고 국제적 보편성을 가질 수 있는 장점이 있다고 생각한다.

그러나 두 번째 문제에 있어서는 '무술'보다는 '무예'가, '무예'보다는 '무도'가 더욱 심도 있는 개념이라고 생각한다. 이는 분명한 층차가 있는 것이며, 무술(무예, 무도)은 궁극적으로 '무도'를 지향하는 것이란 점은 분명하다고 생각한다. 이러한 관점에서는 분명 양진방의 견해에 논자는 공감한다. 비록 일본에서 '무도'가 강조되었고, 무술에서 무도라고 변화하게 된 것이 분명한 사회적 이유가 있다고 하더라도 우리가 '무도'를 지향하지 않는다는 것은 문제가 있다고 생각한다. 이는 무술(무예, 무도)의 궁극적인 목표가 '도'를 지향하고 있음에 주목해야 한다.

3. 동양철학의 관점에서 바라본 전통무예

동양철학의 범주는 본체론과 인성론과 수양론으로 나누어지는데, 이들 셋은 유기적인 관계에 놓여있다. 본체론에서 우주의 본질을 해명하게 되면 그 본질로서 심성까지도 동시에 해명하게 된다. 따라서 본체론과 인성론은 표리일체로서 일관해야한다(배종호, 1990). 수양론은 본체론과 인성론의 이론적 구조 속에서 범인(凡人)에서 성인(聖人)・지인(至人)・도인(道人)・부처[佛] 등의 이상적인 인간이 되기 위한 실천・방법론이다.

본체론의 유래는 중국 고대의 음양오행(陰陽五行) 사상과 결부되어 '기(氣)'의 개념을 낳게 한다. 『노자(老子)』의 『장자(莊子)』의 '도(道)', 『주역(周易)』「계사전」의 '태극(太極)' 등은 음양 양의(兩儀)의 근원적 실재로서의 '일기(一氣)'를 말한 것으로, 비록 도가와 유가의 입장이 서로 다를지언정 그들이 주장하는 도체(道體)만은 상통하는 것으로 여겼다. 그런데 한대(漢代)에는 주로 음양오행으로써 모든 것을 해명하려 하였기 때문에 비록 '태극일기(太極一機)'의 개념은 있었지만 중점은 항상 '음양'에 있었다. 따라서 중국철학에 있어서 본체론과 인성론 및 수양론 등이 본격적으로 다루어진 것은 송대 철학의 특징이다(배종호, 1990). 송대 철학은 리기(理氣)・심성(心性)의 연구에 중점을 두었는데, 리기(理氣)는 곧 실재로서 본체론에 해당하는 것이고, 심성(心性)은 곧 심리윤리로서 인성론에 해당하는 것이다. 그들은 노장(老莊)과 역(易)의 계사전의 사상을 취하여 유가철학의 본체론을 수립하였다.

주렴계는 『태극도설(太極圖說)』에서 '태극(太極) → 음양(陰陽) → 오행(五行) → 만물(萬物)'의 순서로 본체 우주론을 세웠고, 소강절은 『황극경세서(皇極經世書)』에서 '태극 → 음양 → 사상(四象) → 팔괘(八卦)'의 순서로써 태극일기(太極一氣)의 운화(運化)를 해명하였으며, 장횡거는 『태허론(太虛論)』에서 '태허(太虛) → 음양(陰陽)의 기(氣)'로써 유무혼일지상(有無混一之常)을 주장하였다.

정이천에 이르러서는 음양기화(陰陽氣化)의 소이(所以)로 리(理)의 실재를 확립하였던바, 이에 리기설이 창설되었으며 그 다음 주자(朱子)에 이르러 대성되었다. 주자(朱子)는 리(理)와 기(氣)로써 이원론을 수립하였고 나아가서는 그것을 심(性)과 정(情)에 배당함으로써 인성론에까지 일관시켰던 것이다(배종호, 1990). 그리고 거경(居敬)・신독(愼獨) 등의 수양론을 주장하였다.

이와 같이 동양철학에 있어서 본체론과 인성론과 수양론은 하나의 일관된 체계를 이루는 것이다. 주자의 경우에서 명확히 드러나는 바와 같이 우주의 원리를 태극·리기로 설명하고, 그에 따라 인간의 마음을 도심(道心)과 인심(人心)으로 나누고, 또 성품은 본연지성과 기질지성을 나누고 있는 것임을 볼 수 있다. 이와 같이 본체론과 인성론은 서로 유기적이고 일관된 체계 속에 설명됨을 알 수 있으며, 거경(居敬) 공부나 성(誠) 공부 등은 그러한 이론 체계한 바탕한 수양론 임을 분명히 알 수 있다.

이러한 본성론·인성론·수양론의 체계는 도교나 불교의 체계에 있어서도 마찬가지이다. 도교에서는 우주론과 심성론 수양론의 관계가 일찍부터 체계화 되어 있으며[1], 불교의 경우도 화엄에서 리(理)와 사(事)로서 본체와 현상 간의 세계를 설명하고 이를 심성론에 대비하고 있는데, 이를을 통하여도 이러한 사실들을 분명히 알 수 있다.[2]

동양에 있어서 신체적 활동이 주는 의미는 무엇인가? 그것은 앞서 살펴본 바와 같이 본체론·인성론·수양론의 동양철학의 범주에서 보자면 수양론적인 의미를 지니는 것이다. 유교의 경은 물론이고, 불교의 팔정도·위빠사나·지관(止觀)·선(禪)이나, 도교의 양생법 모두가 수양론이자 실천론인 것임을 알아야 한다. 이와 같이 동양의 신체적 활동, 즉 전통무예의 활동은 동양철학의 구조 속에서 수양론의 영역에 속하며, 따라서 타인과의 경쟁을 기본으로 하는 서양의 스포츠 정신과는 그 구조가 다름을 이해해야 한다.

---

1) 이에 대하여 유인희의 『老·莊의 본체론』(한국동양철학회편, 『동양철학의 본체론과 인성론』, 연세대출판국)과 이강수의 『老·莊의 이상적 인간론』(한국동양철학회편, 『동양철학의 본체론과 인성론』, 연세대출판국)을 참조하기 바란다.

2) 이에 대하여 한종만의 「중국불교의 본체론」(한국동양철학회편, 『동양철학의 본체론과 인성론』, 연세대출판국), 송석구의 「동양철학의 본체론과 인성론」(한국동양철학회편, 『동양철학의 본체론과 인성론』, 연세대출판국)을 참조하기 바란다.

즉 전통무예의 단련은 단순히 심신을 단련하는 것에 그치는 것이 아니라, 각각의 무예 활동을 통하여 궁극적으로는 도를 지향함을 알 수 있다. 예를 들어 태권도·유도·선무도 등의 이름에 '도'가 들어가고 있는데, 무예의 궁극적인 목표가 '도'에 도달해야 함을 이름에서부터 표방하고 있는 것이다.

4. 철학적 지향점으로서 '무도'

동양 사유의 큰 특징은 본체론과 인성론의 일원론적 접근이며, 신체적 활동은 수양론의 문제에 해당한다. 천(天)이라는 본체의 세계와 그 속에 사는 인간의 행위가 하나의 원리와 규범에 합치되는 것을 이상으로 하고 인간은 그 합치를 목표로 노력해 가야 하는 것이다. 천인합일(天人合一), 천인동구(天人同構), 천인감응(天人感應), 천인상통(天人相通)의 사상이라고 하는 것이며, 이것은 하늘과 사람이 상통하고 합일함을 말하는 것이다. 따라서 사람은 그 감정·사상·기세로서 우주만물과 서로 호응시킬 수 있으며, 사람의 심신 작위의 일체 규율과 형식(예술의 일체 규율과 형식을 포괄하여) 또한 바로 자연계의 우주 보편규율과 형식의 호응할 수 있는 것이다. 예를 들면 운동·변화·동태·평형·대응·통일 또는 그 속에 있는 음양·강유·장단·강약 등의 규율에 합치되는 것을 이상으로 한다. 인간의 신체적 행위가 이처럼 자연적 경지에 도달하여 예술적 경지가 되고 다시 이것이 철학적 이상인 도(道)를 실현하는 것이 이상적인 인간의 삶으로 보는 것이 동양적인 가치관인 것이다(용인대학교, 무도연구회편, 2003). 이와 같이 술(術)의 완성이 예(藝)가 되고, 예(藝)의 경지에 도달한 술은 곧 도(道)의 체현을 이루게 되는 것이다. 이러한 내용을 『장자(莊子)』에서는 '자경'이라는 목공이 신비한 악기를 만드는 과정에 대한 비유를 통하여 잘 보여주고 있다.

> 자경이라는 노나라 목공이 나무를 깎아 악기를 매다는 도구를 만들었다. 도구가 이루어지자 보는 사람들이 모두 신기(神技)의 솜씨에 놀랐다. 그래서 노나라 임금이 그것을 보고 묻기를 "자네는 어떠한 비술이 있어 이렇게 만들었는가?"라고 하였다.
>
> 이에 자경은 이렇게 말했다. "저는 목수인데 무슨 비술이 있겠습니까? 그러나 한 가지는 있습니다. 제가 장차 악기를 올려놓는 도구를 만들 때는 일찍이 기운을 소모함이 없이 반드시 재계하여 마음을 평온하게 갖습니다. 이렇게 3일을 재계하면 포상과 녹을 받고자 하는 생각이 없어지고, 5일 동안 재계하면 비방이나 명예나 교묘하고 졸렬함을 생각지 않게 되며, 7일 동안 재계하면 문득 제게 사지가 있고 형체가 있는 것조차 잊게 됩니다. 이런 때가 되면 조정의 권세에 대한 생각도 없어지고, 교묘한 기술에만 전일해져 마음을 어지럽히는 외물의 유혹이 완전히 사라지게 됩니다. 그런 뒤에야 산림 속으로 들어가 무(無)의 천성(天性)을 살펴 형태가 최고의 것을 찾아낸 뒤 마음속으로 만들어낼 악기의 받침대를 구상합니다. 그런 뒤에 손을 대기 시작합니다. 그렇지 못할 경우에는 그만둡니다. 이렇게 만들면 나무의 천성과 저의 천성이 일치되게 됩니다. 이것이 제가 만든 기구가 신기(神技)로 이뤄졌다고 의심하는 까닭입니다." (莊周, 『莊子』 외편, 달생條)

무술을 익히는 자가 자경이 악기를 만들 때 마음을 텅 비우는 경지에 이르게 되는 것과 같이 무술에 있어서도 결국 천일합일의 경지에 이르러야 한다. 그렇게 되면 신비한 술(術)을 이루는 것이며, 그것이 바로 '지극한 무예'이며, 바로 '무도'인 것이다. 하늘의 천성과 나의 성품을 일치시켜 하나가 되는 경지에 이르는 것은 목공이나 무도인이나 다 마찬가지인 것이다.

1990년을 전후로 하여 우후죽순으로 등장한 수많은 전통무예 단체는 최근 들어 새로운 위기에 빠져있다. 전통무예의 대표적인 씨름이 프로화되면서 많은 인기를 누렸지만 최근 들어 비인기 종목으로 전락되었다. 전통무예 단체를 표방하고 문을 연 많은 도장들은 현상유지를 급급하고 있는 것이 최근의 추세이다. 이러한 전통무예에 대한 일반인들의 무관심은 어느 정도 예상된 일이라고 생각된다.

일부 전통무예 단체들은 대중성・상업성・인기성 등에 급급한 나머지, 문헌적 검토를 통한 전통무예의 역사성과 정통성 그리고 과거의 무예를 원형 그대로 재현하려는 노력에 소홀하였다. 또한 웰빙 문화 등의 현대인들의 변화되는 사회적 요구에도 탄력적으로 대처하지 못한 측면이 있다. "현재 우리 체육계에는 승리지상주의와 상업주의, 운동선수들의 약물남용, 운동장에서의 난동과 폭력, 청소년 선수들의 자격문제, 어린이들의 지나친 운동 등 많은 문제에 직면하고 있다."(이진수, 2001)라는 이진수의 지적은 전통무예의 경우에도 예외는 아니다.

동양의 신체활동이 수양론의 입장에 서 있다는 점을 상기하면, 전통무예의 경우 수양을 통하여 '도(道)'에 도달하려하는 본질적이고 철학적인 측면에 더 관심을 기울이게 될 것이다. 체육학계에서 전통무예에 대하여 접근하는 오류 중의 하나는 서양철학의 기준으로 해석하려는 태도이다. 예를 들어 서양의 체육적 목표를 제시한 후, 그에 해당하는 요소가 동양의 체육활동 속에 있는가를 평가하는 방법론을 택하고 있는 경우이다. 이러한 시도는 동양의 신체적 활동에 대한 평면적이고 단편적인 설명에 그칠 수밖에 없으며, 신체적 활동이 가지는 철학적 성격, 즉 '도(道)'를 이루고자 하는 목표 등에 대하여 간과하는 오류를 지니게 된다. 따라서 이러한 점을 극복하기 위해서는 동양의 신체활동이 가지고 있는 철학적인 의미, 내적 유기성에 주목해야 하는 것이다. 조영민은 "태권도는 무도(武道)로서 자연과 조화하고 정신집중력으로 자아 통찰과 심신합일을 지향한다. 또 신체의 전체 부위를 순리에 따라 연마하는 동양적인 자기 체험의 자각 교육인 동시에 전인교육이다."(조영민, 2004)라고 말하고 있다. 이러한 지적에 함유되어 있는 내용처럼 전통무예는 그 철학적 지향점이 무도(武道)에 있음을 분명히 인식해야 하며, 동양적 사유에 대한 깊은 통찰을 전제로 하여 깊이 있는 연구가 이루어져야 하는 것이 '체육철학'의 시급한 과제이다.

5. 결론

이상으로 한국전통무예의 체육철학에 대하여 살펴보았다. 본고에서 밝힌 주된 내용은 한국 전통무예의 체육철학은 '무도(武道)'이며, 전통무예의 수련은 동양철학의 본체론·인성론·수양론의 범주 중에서 수양론에 속하는 것으로 파악할 수 있다는 점이다. 기존 학계의 '무술·무예·무도'의 개념에 대한 재 고찰을 통하여 체육철학적 관점에서 전통무예를 말할 때 '무도'의 개념이 적절하며, 그 개념상 '무술, 무예, 무도'가 각각 차원을 달리 함을 밝혔다.

체육철학은 체육학의 중요한 분야로 자리 잡고 있다. 그럼에도 불구하고 한국 전통의 체육 활동을 분석하고 해석함에 있어서, 서구철학적인 기준을 무분별하게 사용하고 있다. 이러한 접근법은 전통무예의 본질과 목표를 이해하는데 한계를 지닐 수밖에 없다. 본고에서는 이러한 문제의식 아래에 동양철학적인 이해 속에서 전통무예의 철학적 접근을 시도한 것이다.

전통이란 그 체(體)를 이루는 본질적 가치는 계승되어야 하지만, 용(用)으로 볼 수 있는 구체적인 방법론은 시대와 대상에 맞추어 변화되어야 생명력을 발휘할 수 있는 것이다. 현재 수많은 전통무예 단체가 활동 중이지만, 그 본질적 가치를 계승하려는 내적 노력은 부족하다고 보여진다. 즉 전통무예는 군사적인 의미가 약화되어 있는 현실 속에서 단순히 신체를 단련하는 것만이 아니라, 개인의 인격을 수련하고 동양의 궁극적 가치인 '도'를 완성해 나가는 철학적 지향을 지녀야 한다.

본고에서는 전통무예가 새롭게 체육활동의 중요한 요소로 등장한 현실 속에서 '무도'의 개념과 의의 및 그 중요성을 밝힘으로서 한국 전통무예에 대한 체육철학적 접근을 시도하였다.

참고문헌

장주, 『莊子』 외편, 「達生」.

김대식, Allan Back 저, 김정행, 최종상, 김창우 역(2002), 『무도론』, 서울 : 교학연구사.

김창룡(1995), 『스포츠철학』, 서울 : 대한미디어.

배종호(1990), 『동양본체론 서설-동양철학의 본체론과 인성론』, 서울 : 연세대출판국, 9-11.

용인대학교 무도연구회편(2003), 『강의노트 무도론』, 서울 : 무지개사, 52-54.

이진수(2001), 『한국체육사상사』, 한양대학교출판부, 134.

이택후(1990), 『華夏美學』, 서울 : 동문선, 70-76.

체육사상연구회(1999), 『스포츠의 철학적 이해』, 서울 : 태근, 364-365.

나영일(1994), 「전통무예의 현황과 과제에 관한 연구」, 『한국체육학회지』 33(2), 65.

나영일・최복규・김성재.(2001), 「전통무예의 문제점과 과제」, 『대한무도학회지』 3(1), 대한무도학회.

양진방(1999), 「무술・무예・무도 개념에 대한 새로운 인식의 틀」, 『대한무도학회지』 1(1), 대한무도학회, 31-35.

정응근(2001), 「무예인식의 전승방안에 관한 문제-무형문화제 제도를 중심으로」, 『대한무도학회지』 3(1), 70.

조영민(2004), 「한국전통무예인 태권도의 정신사상과 철학적 이해에 대한 고찰」, 『한국스포츠리서치』 15(3), 한국스포츠리서치, 1021.

최복규(2000), 「한국 무예사 정립을 위한 이론적 토대의 검토」, 『대한무도학회지』 2(1), 대한무도학회, 167.

화랑도(花郞徒)의 체육철학으로서 풍류도(風流道)*

1. 서론

인간에게도 연어와 같은 회귀(回歸)적 본능이 있다고 한다. 원래 태어난 곳으로 돌아가고픈 회귀의 특성이 모든 생명의 본능인지도 모른다.

'인간의 신체는 무엇이고, 신체의 움직임은 무엇을 목표로 하는 것일까?'하는 문제는 체육철학의 중요한 문제 중의 하나이다. 인간, 인간의 몸, 인간의 몸의 움직임 등에 관한 생각은 사회와 문화에 따라 차이를 나타내고 있다. 그렇다면 한국인의 경우는 어떠한가?

한국의 근대 스포츠와 체육 그리고 체육학은 서구로부터 전이되었다. 그리고 한동안 서구의 것이 우리를 지배해 왔다. 인간의 삶에 있어서 '몸'의 움직임은 가장 본능적인 것이자, 기초적인 것이다. 언제부터인가 체육학계에 있어서 우리의 전통을 찾아 체육활동에 대한 철학적 의미를 탐구해야 한다는 회귀적 본능이 발휘하기 시작하였다.

본고에서는 우리 고유의 몸과 신체활동에 관한 체육철학을 규명하기

※ 본 논문은 한국스포츠리서치에서 2005년에 발간한 『한국스포츠리서치』 16권 3호 1801-1808쪽에 실린 논문이다.

위하여 8세기 신라 진흥왕에 의하여 시작된 화랑도(花郎徒)에 주목하고자 한다. 그 이유는 화랑도는 기록상으로 볼 수 있는 조직화된 청소년 수련단체로서 그들의 주된 활동이 체육의 중요한 요소인 무예, 유희적인 요소를 내포하고 있기 때문이다. 따라서 화랑도의 체육철학이 무엇인가를 규명하고, 그를 통하여 한국인의 몸과 신체적 활동에 관한 체육철학의 원형을 파악하고자 하는 것이 본고의 목적이다.

2. 한국 체육철학에 있어서 풍류도(風流道)의 의미

체육철학이란 단순히 체육활동을 다루는 것이 아닌 체육에 관한 의미와 사상을 다룬다. 그렇다면 한국의 체육사에 있어서 철학적 요소를 간직하고 있는 구체적인 단체는 무엇일까?

그것은 삼국통일의 주역이라 일컬어지는 신라의 화랑도(花郎徒)라 할 수 있다. 왜냐하면 화랑도에는 그들의 체육활동에 대한 철학인 풍류도(風流道)가 있었기 때문이다.

풍류도를 체육사상으로 하는 화랑도의 출현으로 한국 고대체육은 단순히 생활수단적, 순간적인 것에서 탈피하여 신체적 연마와 수련은 물론 지적(知的) 정서적(情緖的) 도야까지도 포괄하는 조화된 인간상을 구현하려는 고도의 무예와 체육으로 승화되는 신기원을 이룩하게 되었다.(김성률, 1993).

분명 화랑의 존재와 풍류도의 출현이야말로 한국 체육철학의 특징과 성격을 간직한 원형이라 할 수 있을 것이다. 그런데 풍류도가 신라 화랑에 의하여 만들어진 것인가, 아니면 이전부터 우리 조상들 사이에 있던 것이 계승되고 더욱 완성된 것인가? 이는 비록 남아있는 기록상에 나타난 것은 화랑 당시에 있었던 사실만이 전해오지만, 이미 고조선 시대부터 풍류도가 존재하고 있었던 것으로 보인다. 이는 신채호(申采浩)의 다음과 같이 말을 통하여 알 수 있다.

> 화랑의 별명은 국선(國仙)이라 하며, 선랑(仙郎)이라 하고, 고구려 조의의 별명은 선인이라 하며, 『삼국유사』의 화랑을 신선의 일이라 하였은 즉, 신라의 화랑은 곧 고구려의 조의에서 나온 자요, 고구려사의 '평양자(平壤者) 선인왕검지택(仙人王儉之宅)'은 곧 선사(仙史)의 본문이니, 단군이 곧 선인의 시조라, 선인은 곧 우리의 국교이며, 우리의 무사도이며, 우리 민족의 넋이며 정신이며, 우리 국사(國史)의 꽃이거늘, 김부식은 그 원류를 말하지 않고, 다만 당나라 사람의 『신라본기(新羅國記)』나 『대중유사(大中遺事)』의 본문을 인용하여 진흥대왕의 화랑 세우던 말만 함은 무슨 일인가?(신채호, 1987)

위의 기록에서 알 수 있듯이 풍류도가 고조선의 단군에서 고구려의 조의선인으로, 조의선인에서 신라의 화랑도로 전개되었다고 신채호가 말하고 있는데 이러한 관점은 설득력이 있다고 생각한다. 또 "단군이 곧 선인의 시조라, 선인은 곧 우리의 국교이며, 우리의 무사도이며, 우리 민족의 넋이며 정신이며, 우리 국사(國史)의 꽃"이라고 하는 것을 보면 우리 민족 고유의 선인(仙人)이 있었고 그것이 바로 국교이자 '무사도'라고 하는 점에 주목할 필요가 있다.

또한 『삼국사기』 진흥왕조에는 최치원이 찬한 「난랑비서(鸞郎碑序)」의 인용문이 있는데, 신라에 현묘(玄妙)한 도(道)가 있으니 그것은 바로 풍류도라고 하면서 풍류도를 유·불·도 삼교와 관련시켜 다음과 같이 서술하고 있다.

> 나라(신라)에 현묘한 도가 있으니 이를 풍류(風流)라 한다. 이 교(敎)

> 를 설치한 근원은 선사(仙史)에 상세히 실려 있거니와 이는 실로 삼교(三敎)를 포함한 것으로 모든 민중과 접촉하여 이를 교화(敎化)하였다. 또한 그들은 집에 들어와서는 부모에게 효도하고 나가서는 나라에 충성을 다 하니 이는 노(魯)나라 사구(司寇 : 孔子)의 취지이며, 또한 모든 일을 거리낌 없이 처리하고 말 아니하면서 일을 실행하는 것은 주(周)나라 주사(柱史 : 老子)의 종지였으며, 또는 악한 일을 하지 않고 모든 착한 실행만 신봉하여 행하는 것은 축건태자(竺健太子 : 釋迦)의 교화이다.(金富植 著, 『三國史記』, 新羅本紀4, 眞興王條.)

이와 같이 최치원은 신라 고유의 사상은 현묘한 도(道)를 간직하고 있는 풍류도이며, 이 속에는 이미 유・불・도 삼교의 사상이 내재되어 있다고 말하고 있다. 즉 우리 민족들은 일찍부터 집에서 부모에게 효도하고 나아가면 나라에 충성하고, 모든 일을 성실히 처리 하면서도 다른 사람에게 이를 나타내는 일도 없었고, 악한 일을 하지 않고 착한 일을 하였다는 것이다. 이렇게 소박하고 인간다운 삶을 사는 것에는 풍류도라는 전통사상이 이미 있었으며, 이러한 사상을 간직한 바탕 위에서 중국으로부터 유교・불교・도교의 사상을 받아들였다는 것이다.

이와 같은 사실에 의거할 때, 풍류도야말로 우리 민족 고유의 사상이며 이 풍류도가 고조선을 통하여 고구려에 그리고 다시 신라시대에까지 계승되었음을 알 수 있는 것이다.

한국의 체육철학의 시원을 화랑의 풍류도에서 찾아야 함은 신라 화랑조직의 위대성 때문만은 아니다. 그 이유는 고조선부터 내려오는 체육철학의 정신을 계승하고 있기 때문이며, 아울러 전통에 억매이지 않고 유불도의 삼교의 외래 사상을 주체적으로 받아들이는 수용 자세에 있다 할 것이다.

즉 풍류도에는 동양철학의 특징인 천인합일(天人合一) 혹은 천지인(天地人) 삼위일체(三位一體)의 사상이 내재되어 있다. 이는 우주자연의 운행과 인간의 삶이 서로 분리되지 않고 하나라는 것을 의미한다. 동양의 신체관을 심신일여(心身一如)라고 표현하는 데에서도 알 수 있듯이 몸과 마음을 하나로 보고 있다. 즉 동양적 사유에 있어서 인간의 몸은 우주 자연과 다른 속성을 지닌 것이 아닌 공통된 속성으로 파악한다. 그러기에 자연과 합일된 도(道)를 추구한다. 화랑도는 이러한 동양일반의 체육철학을 받아들이면서도 한국고유의 멋과 특징을 간직한 풍류(風流)라는 도(道)를 주장하였다는 점이 독특하다고 생각한다.

3. 풍류도의 체육철학적 요소

1) 풍류도의 내용

화랑의 체육철학적 요소는 풍류도(風流道)를 통하여 구체적으로 나타난다. 그렇다면 화랑도의 기원과 그 내용은 무엇일까? 『삼국사기』에서는 다음과 같이 전하고 있다.

> 진흥왕(眞興王) 37년(576) 봄에 처음으로 원화(源花)를 받들었다. 처음에 군신들이 인재를 알지 못하여 근심한 끝에 많은 사람들을 무리지어 놀게 하고 그들의 행실을 보아 가지고 이를 등용하려 하였다. 이에 아름다운 두 여자를 뽑았는데 하나는 남모(南毛)라 하였고 하나는 준정(俊貞)이라 하였다. 그들은 그 무리를 삼백여 명이나 모았는데 두 여자는 차츰 아름다움을 다투어 서로 질투하게 되고, 준정은 남모를 자기 집으로 유인하여 놓고 독한 술을 권하여 취하게 한 다음 그를 이끌어 강물에 던져 죽여 버렸다. 그러나 사건이 발각되어 준정은 사형되고 그 무리들은 실망하여 제대로 분산되고 말았다. 그 후에 다시 아름다운 남자들을 뽑아서 곱게 단장하고 화랑(花郞)이라 이름하여 이를 받들게 하였는데, 그 무리들이 구름같이 모여들었다. 그들은 서로 도의(道義)를 연마

> 하고 혹은 가락(歌樂)을 즐기면서 산수(山水)를 찾아다니며 노닐었는데, 먼 곳이라도 다니지 않는 데가 없었다. 이로 인하여 그 사람의 옳고 그름을 알게 되고 그 중에서 좋은 사람을 가려 뽑아 이를 조정에 추천하게 되었다. 그런 까닭으로 김대문(金大問)이 『화랑세기(花郎世紀)』에서 말하기를 어진 재상과 충성된 신하가 이로부터 선발되었고 훌륭한 장수와 용감한 병졸이 여기에서 생겨났다"고 하였다.(『三國史記』 新羅本紀4 眞興王條.,)

위의 기록에서 알 수 있듯이 진흥왕 37년인 576년에 원화(源花)를 받듦으로써 화랑(花郎)의 조직이 비롯되었다고 보고 있다. 언뜻 이 기록에 의하여 화랑도의 설치를 576년으로 보기 쉬우나, 다른 기록들을 참조해 보면 적어도 562년 이전이었던 것을 알 수 있다.1)

또한 위의 내용 속에는 화랑의 기원 뿐만 아니라 한국 고유의 체육철학이 무엇이었는지를 밝힐 수 있는 많은 단서가 제시되어 있다.

2) 심신조화의 신체관

화랑도는 무용(武勇)을 좋아하고 충의(忠義)를 숭상하는 기풍을 지니고 있었으며, 평소에는 학문을 닦고 신체를 단련하면서 무술을 익혀 멸사봉공(滅私奉公)의 정신으로 무장되고 생동하는 청소년 단체로서 화랑도의 신체수련은 생활중심의 신체교육이었으며, 충(忠)과 효(孝) 신(信) 등의 국민적 윤리를 강조하는 도의 교육으로서 심신일원론적인 신체관을 바탕으로 신체의 덕을 함양하는데 목적을 두고 있었다.(오동섭외, 2002)

---

1) 화랑도의 기원은 『삼국사기』의 기록가운데는 진흥왕 37년보다 14년 전인 562년에 가야정벌에 화랑인 사다함(斯多含)이 참여하고 있는 점을 보아서 이 이전에 설치되었다 판단된다. 이미 三品彰英이 『新羅花郎の研究』(東京:三省堂, 1943)에서 밝힌 바 있다. 또한 『三國遺事』 3권의 '彌勒仙花 未尸郎 眞慈師條'와 1989년 발굴된 김대문의 『화랑세기』 필사본에 의하여 이 문제에 대한 논의가 진척되었다.

주목되는 것은 '원화'와 '화랑'을 선발하는 목적과 그 기준이다. 이는 당시 신라인들의 인간관이 분명히 드러나기 때문이다. "처음에 군신들이 인재를 알지 못하여 근심한 끝에 많은 사람들을 무리지어 놀게 하고 그들의 행실을 보아 가지고 이를 등용하려 하였다. 이에 아름다운 두 여자를 뽑았는데 하나는 남모(南毛)라 하였고 하나는 준정(俊貞)이라 하였다."는 사실에서 알 수 있듯이 이들이 인제를 등용하기 위하여 행실과 미모를 중시했다는 사실이다. 특히 인간의 몸과 신체의 아름다움을 중시했다는 것은 고대 서양에서 육체를 영혼의 노예로 보는 관점과는 대조되는 관점으로 주목되는 것이다.

다만 남모와 준정이라는 두 아름다운 여자를 뽑았는데, 서로 무리를 모으고 아름다움을 다투어 서로 질투하게 급기야 죽이게 되는 것을 계기로 원화제도가 폐지되고, 다음으로 아름다운 남자 중에서 선발한 것이 바로 '화랑'이었다 한다.

어쨌든 화랑이 신체의 아름다움을 중시하고 신체와 마음을 함께 닦는 심신조화의 신체관을 간직하고 있었다는 점은 분명하다 할 것이며, 이 점이 한국체육철학의 신체관의 원형이라 할 수 있다고 하겠다.

3) 무도(武道)의 추구

화랑의 무리들이 추구한 것은 풍류도(風流道)이다. "그들은 서로 도의(道義)를 연마하고 혹은 가락(歌樂)을 즐기면서 산수(山水)를 찾아다니며 노닐었는데, 먼 곳이라도 다니지 않는 데가 없었다."는 사실에서 알 수 있듯이 그들이 수련하는 궁극적인 목적은 무도(武道)에 있다.

나라에서 화랑을 선발하자 구름처럼 사람들이 모였다는 사실은 ① 도의(道義)를 연마하고, ② 가락(歌樂)을 즐기고, ③ 산수(山水)를 찾아다니며 노니는 것이 당시 신라 사회 청년의 이상이었음을 말하고 있는 것이다. 이것은 결국 '도의'로 이룩되는 인간관계, '가무'로 이룩되는 종교 및 예술생활, '산수'로 노니는 자연합일을 목표로 이루어지고 있으며, 유불도 삼교의 정신을 그대로 포함하고 있는 것이다.

풍류도의 내용을 이루는 첫 번째는 '도의(道義)를 연마한다'는 것이다. '도의'란 화랑도들의 궁극적인 목표이다. 즉 가무를 통하여 정서적 수련을 하고, 산수를 찾아 유람하면서 신체를 수련하는 것이 구체적인 수련의 방법이라 한다면, 그러한 단련을 통하여 이룩해야하는 것이 바로 '도의(道義)'인 것이다.

정미옥(1998)은 "화랑은 생활신조와 수양방식의 면에서 첫째로 서로 도의로서 이성을 도야하는 지적(知的)수양을 하고, 둘째, 서로 시가와 음악을 즐겨 정서적 수양을 하고, 셋째로 명산대천을 두루 찾아다니며 심신(心身)을 단련하는 신체적 수련이었다."고 말하고 있다. 즉 지적수양, 정서적 수양, 신체적 단련으로 배대하고 있는데, 이는 서양철학의 지(知)·정(情)·의(意)의 개념을 염두하고 있는 것이다.

그런데 풍류도의 '도의(道義)'는 이성적이고 합리적인 지적(知的)수련이 아니라 도덕을 총체적으로 함양(涵養)하는 것으로 이해해야 한다. 따라서 이를 통하여 오히려 인간관계의 도(道)를 실현할 수 있는 것으로 보아야 한다.

그리고 그 도의는 또한 단련하는 것이다. 구체적으로 최치원이 「난랑비 서문」에서 밝힌 바와 같이 '공자의 충효의 정신과 노자의 가르친 무위와 석가의 인과응보 사상'에 입각한 선행을 실천하는 것이다. 또한 원광(圓光)법사가 귀산(貴山)에게 베푼 화랑도의 세속오계 또한 화랑도의 도의를 연마하는 것으로 볼 수 있다. 곧 충성으로서 임금을 섬기며(事君以忠), 효로서 부모를 섬기고(事親以孝), 믿음으로서 친구를 사귀며(交友以信), 싸움에 임하여 물러서지 말고(臨戰無退), 살생에 가림이 있어야 한다.(殺生有擇)(『三國史記』, 列傳, 貴山 箒項傳.) 이러한 세속오계는 화랑도의 생활신조인 동시에 세속의 모든 신라인들이 시대의 덕목으로 가졌던 시대정신의 총체라 할 만하다.

이렇게 도의를 연마한 화랑들이 존경을 받았음은 『삼국사기』 열전에 전하는 주사(柱史)와 『삼국유사』에 전하는 「찬기파랑가」의 기파랑의 모습을 통해서도 짐작할 수 있다.(김태준, 1996)

4) 유희적 삶과 수련

유희란 인간의 문화가 만들어낸 최고의 멋이다. 한 민족은 유희를 표현하여, '신명(神明)나게 논다', '신바람이 난다' 등의 표현을 한다. 유희란 동물과 다른 인간적 삶의 표현양식이다. 육체적이고 생물학적인 삶의 존재양식이 아닌 한 차원 높은 삶의 모습을 보여주는 것이 바로 유희이다. 화랑에게 있어서도 유희란 단순한 놀이를 의미하는 것이 아니다. 이는 '가락(歌樂)을 즐기고, 산수(山水)를 찾아다니며 노니는 것'이 풍류도의 주된 수련법이었음을 볼 때 알 수 있다.

유희(遊戱)의 '遊'란 여행, 교유 등을 뜻하기도 하고, 학문이나 수행을 뜻하기도 한다. 특히 '遊'가 자적(自適)하고 번거롭지 않거나 한가무사(閑暇無事)함을 뜻한다.(김상현, 1999) 그리고 '戱'란 고려시대에 와서 체계적 놀이의 개념으로 정착된다. 따라서 유희란 고대의 교육목적과 제의적 요소가 복합되어 있는 전통의식의 표현양식으로 볼 수 있다.(정기호외, 2001)

풍류도의 '가락을 즐긴다'는 것을 살펴보자. 노래를 부르고 춤을 추는 것은 지금까지 "풍류를 즐긴다"고 말한다. 그 만큼 가락을 즐기는 것은 풍류도의 큰 특징이라 할 수 있다. 화랑이 가무를 즐긴 이유는 정서를 함양하는 것과 함께 노래와 춤을 통하여 우주와 하나가 되려는 제천의식, 종교의식의 성격도 있었던 것 같다. 이에 대하여 김태준은 다음과 같이 말하고 있다.

> 화랑의 풍류에서는 노래와 춤을 서로 즐겼다고 했지만, 상고로부터 제천의식과 국중대회에서 연일 노래하며 춤을 추었다는 것은 즐기기보다 먼저 하늘에 제사하고 신과 일체를 이루는 신내림의 체험을 중시했다고 보인다. 그 풍속의 모습은 무속에서 보이듯이 노래와 춤으로 신에게 제사드리고, 이를 통해서 신라 인간이 하나로 일체를 이루는 체험이었다. 노래와 춤으로 신내림의 체험을 통하여, '내'가 없어지고 내 안에 '신'이 내재하는 상태의 '나'가 풍류의 주체가 되는 것이다. 이런 체험자가 풍월주(風月主)요 화랑이었다고 할 수 있다. 이렇게 신령과 교제하는 방식이었던 노래와 춤이 이제는 사람들과 서로 즐기는 풍류가 되었다. 도의를 통한 인간관계, 순례를 통한 자연과의 융합을 이끌어내는 풍류로 발전해 간 것이다. 노래와 춤 가운데서도 음악이 중시되고, 음악과 화랑의 관계는 향가에 대한 화랑의 증언에서부터, 화랑이 지은 향가와 화랑을 기린 향가 등을 통하여 발견할 수가 있다(김태준, 1996).

또 '산수를 찾아 노닌다'는 것을 살펴보자. 이는 국토순례와 자연 사랑의 뜻이 있고, 무엇보다도 자연 속에 심신을 단련하는 단체 훈련의 큰 뜻이 있다고 해석된다. 여기에서 '산천' 과 '찾아 노닌다' 는 두 가지 중요한 요소가 들어 있다. 말할 것도 없이 산천은 신성(神聖)한 성역(聖域)으로 존중되며, 이곳은 젊은 화랑무리의 단련의 근거지가 되었다. 또 '놀이' 라는 것은 다만 오락적인 놀이만이 아닌 것은 물론이고 주술적 종교적 뜻이 있다. 특히 "산천을 찾아 노닐었는데, 먼 곳까지 가지 않는 곳이 없었다(無遠不至)"고 했다. 지금도 경주를 비롯한 명승지에는 화랑과 관련한 지명과 전설들이 적잖게 남아 있어, 옛 화랑의 '유어산수(遊於山水)'의 전통을 전하고 있음을 알 수 있다.

이와 같이 화랑은 남성이면서도 신체를 아름답게 하기 위해 화장까지

하였으니 이것은 화랑이 추구하던 것이 신체미에 있었음을 단적으로 나타낸 다. 이것과 관련하여 그들이 명산대천을 순례하고 노래하고 춤춘 것은 몸과 마음의 조화적 발달을 위한 노력이었다.

『화랑세기』에서는 이것이 선도(仙徒)로 나타난다. 몸과 마음의 조화적인 발달을 도모하기 위해 체육뿐만 아니라 음악이 중요하다는 것은 이미 고대 그리스에서도 입증된 것이다. 음악은 냉혹, 야만에 대한 온화성과 철학적인 품성의 기를 형성시키는 것으로 인간의 정신과 신체를 조화시킨다. 몸과 마음의 조화가 잡힌 전인적인 화랑을 육성하기 위해 노래와 춤이 이용되고 있었다고 할 수 있는 것이다.(이진수, 2001)

이와 같이 화랑들은 유희를 통하여 대자연 속에서 자연을 호흡하는 자연 속의 수양, 몸소 체험하고 실천하는 체험적 실천의 교육, 오랜 기간의 유오와 순례를 통한 극기와 인내의 체험을 하였다. 그리고 그 모든 것을 통한 풍부한 정서함양과 무엇보다 남의 것이 아닌 우리 것에 의한 우리만의 전통을 계승한 전통적이고 민족적인 교육방식을 선택하였다. 이를 통하여 정서적으로 풍요롭고 선미하며, 신체적으로 강건하고, 사회적으로 모범이 될 수 있는 균형 잡힌 지도자를 양성하였다.(정기호외, 2001)

4. 현대사회와 풍류도

언제부터인가 우리 사회 속에 웰빙의 바람이 불고 있다. 경제적 부(富)와 출세가 삶의 목표로 알고 지내다가 이제 삶의 질과 가치를 묻기 시작한 것이다. 체육학에 있어서도 체육철학과 신체적 활동의 궁극적인 목적이 무엇인가 하는 담론이 진지하게 일어나고 있다. 물론 이러한 웰빙의 부정적인 측면도 있다. 그것은 웰빙 마저도 서구의 유행으로부터 오고, 그 웰빙적 삶의 방식도 획일화되어지는 모습을 띠는 것이 그것이다. 진정한 웰빙은 스스로의 자각 속에서 비롯되고 다양한 가치가 존중되는 성격을 지녀야 한다고 생각된다.

분명 현대사회에 있어서 웰빙이란 부정할 수 없는 가치가 되었으며, 체육활동은 웰빙의 중요한 내용이 되고 있다. 그렇다면 체육학의 관점에서 바람직한 웰빙의 모습은 무엇일까?

어쩌면 풍류도야 말로 웰빙적 삶의 모습에 가까운 것이 아닐까 생각한다. 심신이 조화된 신체관을 지니고, 도의를 연마하면서, 자연을 찾아 노닐면서 음악과 예술을 동경하는 것이 풍류도의 모습이니 말이다. 이들에게 있어서 심신(心身)은 단련을 통하여 완성되어지는 대상이었다. 심신의 단련을 통하여 이상적인 인간이 되며, 산천을 노닐며 우주 자연과 하나가 되어 풍류도를 체득하는 것을 그들의 삶의 목표로 삼았다. 그들의 신체활동은 구체적으로 가무를 즐기는 유희의 측면으로 나타나고, 축국·검·활·창·기마술 등의 무예의 측면으로 나타나고 있음을 볼 수 있다. 그러나 이러한 신체활동 속에는 경건한 몸짓과 마음의 정성이 같이 담겨져 있어서 종합예술적인 축제적인 요소가 짙게 배어 있음을 볼 수 있다. 따라서 우리가 사는 현대사회 속에서 이러한 풍류도의 정신을 계승할 필요가 있다. 특히 우리의 청소년들의 교육에 있어서 풍류도가 가지고 있는 가치들을 새롭게 계승 적용할 필요가 있는 것이다. 진정한 웰빙은 주체성과 다양성 속에서 이루어짐을 명심할 필요가 있다.

5. 결론

화랑의 체육철학을 한마디로 '풍류도(風流道)'라 할 수 있다. '도(道)'란 동양철학의 목표이다. 한국의 체육철학의 시원을 풍류도에서 찾으려고 시도하는 이진수의 「신라화랑의 체육철학 연구」가 기폭제가 되어 많은 학자들이 관심을 가지고 연구하고 있다. 본고에서는 이러한 문제의식을 가지고 풍류도의 내용을 분석하고 그의 철학적 요소로서 심신조화의 신체관, 무도의 추구, 유희적 삶과 수련 등을 다루었다.

이러한 풍류도는 단지 신라 화랑에 국한되어 있는 것이 아니라 신라 이전의 우리 민족의 고유사상이 응결된 것이다. 또 삼국시대 이후의 유교·불교·도교·기독교 등이 유입하였지만 그 밑바탕엔 풍류도가 있다. 우리가 한국의 체육철학을 정초함에 있어서 풍류도에 관심을 집중해야 하는 이유가 여기에 있다.

이동건은 화랑에 대하여 이렇게 말한다.

> 운동자 화랑은 한 시대적 소명을 감당하려는 대장부로서 자강불식하며 심신연마를 통하여 도를 체험한 후, '목숨'을 하늘에 맡기며 '생명'을 걸고 삼국통일의 대의를 성취하려는 대장부의 삶을 살았던 사람이다. 그들은 일상의 삶 속에서 벗어나 노래와 춤을 통하여 '자유'와 '조화' 그리고 '흥'으로 풀어낼 줄 아는 진정한 '멋'을 아는 사람들이었다. 즉 명산대천의 전지훈련을 통하여 '밝고', '크고', '넓고' '한'의 마음을 체득한 사람이었다(이동건외, 2005).

위의 지적대로 화랑은 '멋'과 '흥'을 재대로 아는 사람이었다는 위의 지적에 전적으로 공감한다. 이러한 점은 화랑과 풍류도가 영향과 매력을 발휘하고 있는 점이다. 즉 현대인의 삶과 체육계의 흐름이 웰빙의 지향과 밀접한 관련이 있는데, 풍류도에는 이러한 요소가 내재되어 있음을 본고에서 피력하였다.

한국체육과 한국체육철학을 정초하는 작업은 중요한 과제이다. 화랑의 풍류도는 한국인의 체육적 심성의 원형을 간직하고 있는 데서 주목되어져야 한다. 그리고 다양한 해석이 이루어져야 한다. 원형에 대한 의미를 추국하되 그것이 현재 우리의 삶과 밀접히 연관되어 있음을 밝힌다면 그것은 더욱 의미 있는 작업이라 생각한다.

참고문헌

金富植 著,『三國史記』, 新羅本紀4, 眞興王條.

신채호저(1987).『朝鮮上古文化史』 2장, 신채호기념사업회편,『丹齋申采浩全集』上, 370-375.

김상현(1999),『신라의 화랑과 문화』, 서울: 보광문화사.

김태준(1996),『화랑과 풍류정신, 화랑문화와 신연구』, 한국향토사연구전국협의회편, 문덕사, 250-260.

이진수(1990),『신라화랑의 체육철학연구』, 서울 : 보경사.

이진수(2001),『한국체육사상사』, 서울 : 한양대출판부,

최광식(1996),『화랑연구의 성과-화랑문화와 신연구』, 한국향토사연구전국협의회편, 서울: 문덕사.

최재석(1996),『화랑연구의 성과-화랑문화와 신연구』, 한국향토사연구전국협의회편, 서울: 문덕사.

김성률(1993),「사범대학 발전방향탐색 : 신라 화랑도의 체육사적 고찰」,『교육이론과실천』3, 경남대 교육문제연구소, 265-275.

오동섭・김복희・정경숙(2002),「화랑도의 신체수련에 나타난 儒・佛・仙사상」,『체육사학회지』10. 한국체육사학회, 93-111.

이동건・황정현(2005),「화랑의 삶과 운동」,『한국체육학회지』44(1), 한국체육학회. 3-8.

정기호・문재민(2001),「화랑체육에서 유희의 역할과 의미」,『한국체육학회지』, 40(3), 한국체육학회, 278-295.

정미옥(1998),「신라 화랑도 사상과 체육활동에 관한 연구」, 단국대 교육대학원 석사학위논문.

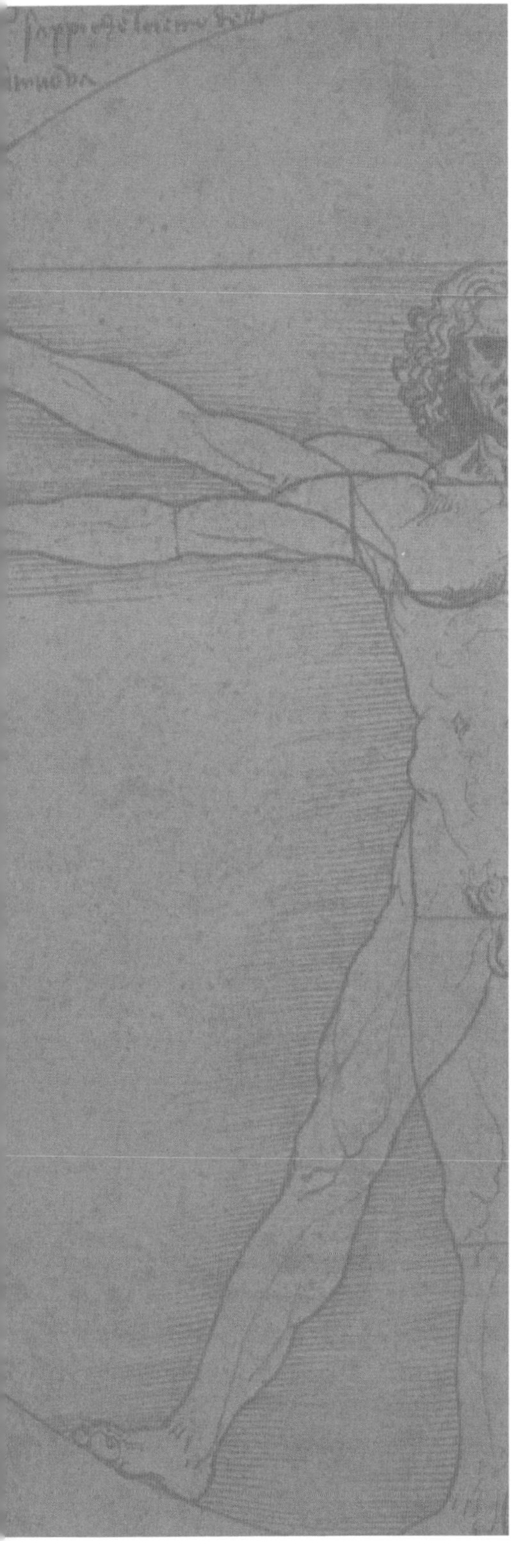

제2부

한국 몸철학의 전개

퇴계의 경(敬)사상에 있어서 몸의 문제*

1. 들어가는 말

본 논문은 체육철학의 관점에서 퇴계 이황(退溪 李滉, 1501-1570)의 경(敬)사상을 조망하고자 하는 것이 목적이다. 논자는 그동안 체육철학의 관점에서 몸과 마음의 관계에 대한 심신관(心身觀)의 문제를 지속적으로 연구하여 왔다.[1] 동양철학의 경우 도교의 경우 양생사상에서는 신체의 문제를 직접적으로 다루고 있지만 유가와 불가의 경우에는 리기와 심성의 문제에 치우쳐 표면적으로 신체의 문제를 언급하지 않는 것으로 보인다. 그러나 수양론에 있어서 대부분의 철학자는 심신일원론에 입각하여 신체의 문제를 다루고 있음을 보았다. 그러한 점은 퇴계의 경우에 있어서도 마찬가지이다.

※ 본 논문은 충남대학교 유학연구소에서 2011년에 발간한『유학연구』25집 117-138쪽에 실린 논문이다.

1) 김부찬(2011),「坐禪의 개념을 통해본 禪師들의 心身觀」,『儒學硏究』24.
김부찬(2009),「체육철학의 관점에서 본『포박자』의 양생사상」,『한국체육철학회지』19.
김부찬(2009),「양명학의 신체관과 체육적 가치」,『한국체육학회지』48.
김부찬(2007),「『회남자』에 나타난 신체관과 양생사상」,『한국체육철학회지』15.
김부찬(2005),『선수행에 나타난 불교의 신체관」,『한국체육철학회지』13.

인간이란 마음과 몸으로 구성되어 있다. 철학이란 이상적인 인간이 되기 위한 지적·도덕적·예술적·종교적·신체적 활동의 총체라 할 수 있다. 동양철학에 있어서 주요 분야는 본체론·심성론·수양론이며, 그 지향점은 천인합일(天人合一)의 이상적 경지에 이르는 데에 있다. 물론 이러한 동양철학의 목표에 도달하기 위해서는 심성의 문제와 더불어 몸의 문제가 제기되어야 한다. 또 지·덕·체를 겸비한 인간이 이상적인 인간이며, 특히 웰빙과 건강이 중시되는 현대인에게 있어서는 몸의 철학이 새로운 관심으로 떠오르고 있어 몸에 대한 철학적 담론의 필요성이 증대되고 있다. 신체활동은 스포츠에서 신기록을 내기 위한 것이나 의학에서 건강을 유지하기 위한 데에 국한 되는 것이 아니라 그것이 이상적인 인간에 도달하기 위하여도 반드시 그에 맞는 몸가짐이 요구된다. 체육철학의 궁극적 지향은 신체활동을 통하여 결국 이상적인 인간에 도달하는 데에 있다. 몸은 모든 기억을 담는 그릇이다. 마치 대지와도 같이 모든 정신적인 활동도 결국 몸속에 깃들여지게 마련이다. 어떠한 행위를 하여도 그것이 이미 도(道)와 하나가 되어 굳이 도(道)를 지향하거나 의식하지 않아도 되는 경지가 성인(聖人)이라고 생각된다. 그것은 결국 자연스런 몸짓이다. 심신일여(心身一如), 심신조화(心身調和), 심신불이(心身不二)의 몸이라 할 수 있다.

퇴계가 지향한 학문의 목표는 한마디로 성인이 되기 위한 것이며, 그 성격은 도학(道學)이라고 생각한다. 그리고 그의 사상은 정이(程頤)와 주자(朱子)의 영향을 받았으며, 격물치지(格物致知)·거경함양(居敬涵養)을 통한 활연관통(豁然貫通)에 집중되어 있다. 이러한 퇴계의 철학에 있어서도 몸 혹은 심신관의 문제가 함축되어 있다. 그러기에 체육철학의 분야에 있어서도 퇴계철학에 대한 연구가 가능한 것이다.[2] 그간 퇴계의 신

2) 체육철학의 분야에서 퇴계철학과 관련된 논문은 다수가 있다. 이중 대표적인 학위논문을 소개하면 다음과 같다.

체관을 논할 때면 의례 양생술과 관련하여 그의 『활인심방(活人心方)』에 주목하여 왔다. 그런데 엄밀한 의미에서 『활인심방』은 퇴계의 신체관을 표명하고 있는 저서는 아니다. 이 책은 중국 명나라 초기 현주도인(玄洲道人) 함허자(涵虛子) 주권(朱權, 1378-1448)이 엮은 도가계통의 의서(醫書)인 『활인심(活人心)』 상・하권을 퇴계가 필사한 것이 현존하는 『활인심방』이다. 물론 이 책이 퇴계에 의하여 수용된 것은 분명 그만한 이유가 있고, 퇴계가 그 만큼 건강에 대한 관심이 지중했음을 단적으로 말해주고 있는 것이다. 그렇다 하더라도 함허자의 저술인 『활인심』을 그대로 필사한 『활인심방』을 통하여 퇴계의 신체관을 단정한다는 것은 일정한 한계가 있다고 생각한다.[3)]

따라서 논자는 퇴계의 핵심철학인 경(敬)사상과 퇴계의 문집 속에 나타난 몸에 관한 내용을 중심으로 하여 퇴계가 몸의 문제를 어떻게 이해하고 있는가를 살펴보고자 한다. 주지하다시피 퇴계의 철학적 특징은 '경(敬)' 한 글자에 집약되어 있다. 그리고 그의 경 사상은 『성학십도(聖學十圖)』에 집약되어 있다. 그래서 퇴계의 경 사상이 집약된 『성학십도(聖學十圖)』 중 '소학도(小學圖)'와 '숙흥야매잠도(夙興夜寐箴圖)' 등의 내용을 분석하여 퇴계의 몸에 대한 인식을 도출하고, 이러한 인식과 경 사상 간의 유기적 관련성을 규명하고자 한다.

김홍수(1994), 「退溪의 體育思想에 관한 연구, Wellness적 입장에서의 조명」, 성균관대학교 박사논문.
정재환(1997), 「퇴계・율곡의 한국체육사상에 관한 연구」, 동아대학교 박사논문.
송병환(1985), 「퇴계와 율곡의 체육사상 비교연구」, 전남대학교 석사논문.
김영진(1988), 「퇴계의 사상이 학교체육에 주는 의미」, 경희대학교 석사논문.
이세호(1994), 「퇴계의 사상과 체육」, 한국교원대학교 석사논문.
김태반(1996), 「퇴계철학의 신체사상에 관한 연구」, 한국교원대학교 석사논문.

3) 이에 관련된 연구로는 최봉근의 「퇴계철학에서 본 『活人心方』의 질병과 양생의 의미」(『동양철학연구』 44집, 2005)를 참조하기 바란다.

2. 퇴계 경 사상의 연원

퇴계 철학의 형성에 있어서 절대적인 영향을 끼친 것은 주자(朱子)였다. 퇴계는 23세에 처음으로 성균관에서 공부를 하게 되었는데, 이 때 『주자전서(朱子全書)』를 접하게 된다.[4] 이때의 상황이 퇴계의 연보에는 다음과 같이 실려 있다.

> 세종(世宗) 가정(嘉靖) 2년 (계미) 23세. 이 해에 선생이 처음으로 태학(성균관)에 유학(遊學)하다. 이때는 기묘(己卯)의 화를 거친 뒤였으므로 선비들의 풍습이 부박(浮薄)하여서, 선생의 법도 있는 행동거지를 보고 많은 사람들은 비웃을 뿐이요, 서로 상종하는 이는 오직 하서(河西) 김인후(金麟厚) 한 사람 뿐이었다. 얼마 안 되어 선생이 고향으로 돌아갈 때, 하서가 작별시를 지어 주었는데, "그대는 영남의 수재요, 이(李, 이태백)·두(杜, 두자미)의 문장에 왕(王, 왕희지)·조(趙, 조맹부)의 글씨라."라는 구절이 있었다.[5]

위의 글에는 기묘사화를 거친 후 얼마 안 되어 성균관의 유생들이 선비다운 풍모를 잃고 있었으며, 퇴계의 법도 있는 행동거지를 오히려 비웃는 모습이 나타나 있다. 오직 하서 김인후만이 정신적인 교류가 가능했을 정도로 선비다운 선비가 없었다. 이에 퇴계는 실망하여 고향으로 돌아오게 된다. 이러한 상황 속에서 퇴계는 주자에게 마음을 뺏기게 된 것이다. 주자는 당시 남송(南宋)의 정계(政界)가 금나라와 화친(和親)을 주장하던 진회(秦檜) 일파가 물러나고 주전파(主戰派)가 득세하긴 하였지만, 그 역시 정쟁의 와중에 있었다. 또한 당시 사상계는 대혜 종고(大慧宗杲)의

4) 정순목, 『退溪評傳』, 지식산업사, 1991, 43쪽.

5) 李滉, 『退溪集』, 「退溪先生年譜卷之一」, '世宗 嘉靖 二年癸未'. "是歲 先生始遊大學. 時經己卯之禍 士習浮薄. 見先生擧止有法 人多笑之. 所與相從者 惟金河西麟厚一人而已. 先生未幾還鄕 河西以詩贈別. 有云夫子嶺之秀 李杜文章王趙筆."

간화선이 유행하고 있었으며, 유학은 관학화(官學化)되고 사장화(詞章化)되어 있었다. 이러한 상황 속에서 주자는 공자와 맹자의 선진시대의 유학적 전통을 계승하고 도학(道學)의 새로운 학문을 통하여 사회적 정의를 실현하고자 하였으며, 그러기 위하여 중앙관료로 진출하는 길을 포기하였다. 이렇게 평생 재야에 묻혀 학문에 일생을 바쳤던 주자야 말로 이 당시 퇴계의 정신적 구원자였다.

퇴계가 강조하였던 성인되는 공부로서의 경(敬)사상은 바로 주자에게서 영향을 받은 것이며, 또한 주자의 경 사상은 정이(程頤)에게 영향을 받은 것이다. 사욕(私慾)을 없애서 천리(天理)를 간직하고자 하는 것이 성리학자들의 기본적인 생각이다. 정이는 만약 바깥대상에 마음을 빼앗기게 되면 우리의 마음속에는 온갖 잡념이 일어나기 마련이며, 이러한 잡념과 사욕을 막고 마음의 중심을 잡기 위해 경(敬)공부가 필요하다고 강조하였다.

> 밝은 거울이 여기에 있으면 만물이 모두 비춰지는 것은 거울의 본 작용이어서 거울로 하여금 비추지 못하도록 하기 어렵듯이, 사람의 마음도 만물과 서로 감응하지 않을 수 없어서 또한 마음으로 하여금 온갖 사려가 일어나지 않도록 하기 어렵다. 만약 온갖 사려가 일어나는 것을 막으려면 오직 마음에 중심이 있어야 한다. 어떻게 해야만 중심을 잡을 수 있을까? 경(敬)이면 될 따름이다.[6)]

이처럼 정이는 경 공부를 강조하였다. 그리고 정이가 경에 대하여 구체적으로 정의하고 있는 것이 바로 '주일무적(主一無適)'과 '정제엄숙(整齊嚴肅)'이라 할 수 있다. 정이의 말을 직접 들어 보자.

---

6) 『河南程氏遺書』 권15, "如明鑑在此 萬物畢照 是鑑之常 難爲使之不照 人心不能 不交感萬物 亦難爲使之不思慮. 若欲免此 唯是心有主 如何爲主 敬而已矣."

> 이른바 경(敬)이란 것은 '한곳에 중심을 잡는 것(主一)'을 일컬으며, 한곳이란 '마음이 어느 곳으로도 가지 않는 것(無適)'을 일컫는다. 또한 한 곳에 집중하여 몰입하고자 하는 뜻이니 한곳에 집중하면 마음이 둘이나 셋으로 흩어지지 않는다. … 『주역』에서 "경에서 마음을 곧게 하고, 의로써 행동을 바르게 한다."라고 말한 것 가운데 모름지기 '마음을 곧게 한다.'라는 것이 바로 주일(主一)의 의미이다. 감히 속이지 않고 태만하지 않음에 이르러 오히려 지붕이 새는 것을 부끄러워하지 않게 되는 것은 모두 경의 일이다. 다만 경을 간직하고서 오래도록 마음을 함양하다 보면 저절로 천리가 밝아진다.[7)]

> 정제엄숙하면 곧 마음이 자연스럽게 하나가 된다. 하나가 되면 그릇되거나 편벽되는 일에 간여함이 없을 것이다. 또 엄숙하게 위엄을 지키고 근엄하게 삼가는 것이 경의 도는 아니다 다만 경에 이르기 위해서는 모름지기 이를 쫓아 들어가야만 한다."[8)]

이처럼 정이(程頤)는 마음을 한 결 같이 두어 사사로운 욕망을 가는 길을 차단하는 '주일무적'과 외적인 용모나 거동에 이르기까지 가지런하고 엄숙해야 한다는 '정제엄숙'이 경 공부임을 밝히고 있다. 이는 마음과 몸이 조화된 공부로 경 공부에 있어서 몸가짐이 중요함을 밝히고 있는 것으로 볼 수 있다.

이 같은 정이의 사상을 계승한 주자 역시 성인이 되기 위한 핵심 공부로서 '경'을 강조한다. 주자는 "경(敬)이란 한 글자는 진정 성인 문하(聖門)의 강령이며, 간직하여 기르는 요법이다. 한 결 같이 이에 집중하면

---

7) 『河南程氏遺書』 권15, "所謂敬者 主一之謂敬. 所謂一者 無適之謂一. 且欲涵泳主一之義 一則無二三矣. … 易所謂 敬以直內 義以方外 須是直內乃是主一之義 至於不敢欺 不敢慢 尙不愧於屋漏 皆是敬之事也. 但存此 涵養久之 自然天理明."

8) 『心經附註』 권1. "整齊嚴肅 則心自一 一則無非僻之干矣. 又曰 嚴威儼格 非敬之道 但致敬須從此入."

더 이상 내면과 외면의 차이, 정밀하고 거친 차이가 없을 것이다."[9]라고 말한다. 이처럼 성인이 되기 위하여 핵심적인 공부가 경 공부에 있음을 밝히 주자는 공자와 맹자 등의 성현의 말씀을 관통하고 있는 것이 다름 아닌 경에 있다고 말한다.

> 성현의 말씀은 얼핏 같지 않은 듯하지만, 처음부터 서로 관통되지 않은 적이 없다. 예를 들어 공자는 "예가 아니면 보지도 듣지도 말하지도 움직이지도 말라", "대문을 나서면 마치 소중한 손님을 만난 듯이 하고, 백성을 대할 때는 마치 귀중한 제사를 받들듯이 하라.", "말은 충실하고 믿음직하며 행동은 독실하고 경건하게 하라."고 하였는데, 당연한 말씀이다. 또 맹자는 "잃어버린 마음을 되찾아라.", "마음을 보존하고 본성을 기른다."라고 하였다. … 이천 선생의 경우 오로지 '경(敬)'이라는 한 글자를 드러내었다. 단지 그와 같다면 흡사 뒤얽혀 있는듯하지만 실제로는 하나의 이치일 뿐이다.[10]

위에서 보듯이 주자는 공자가 말한 "예가 아니면 보지도 듣지도 말하지도 움직이지도 말라, "대문을 나서면 마치 소중한 손님을 만난 듯이 하고, 백성을 대할 때는 마치 귀중한 제사를 받들듯이 하라.", "말은 충실하고 믿음직하며 행동은 독실하고 경건하게 하라." 등의 몸가짐을 바로 하고 예의에 맞게 하는 것이 오직 '경'을 드러내는 데에 있다고 말한다. 즉 경 공부의 내용 중에는 '마음'과 더불어 '몸'이 중시되고 있는 것이다. 공자가 인(仁)에 대하여 '극기복례(克己復禮)'로 정의하여 몸을 중시한 전

---

9) 『朱子語類』 권12. 86조목. "敬之一字 眞聖門之綱領 存養之要法. 一主乎此 更無內外精粗之間."

10) 『朱子語類』 권12. 72조목. "聖賢言語 大約似乎不同 然未始不貫. 只如夫子言 非禮勿視聽言動. 出門如見大賓 使民如承大祭. 言忠信 行篤敬. 這是一副當說話. 到孟子又却說 求放心. 存心養性. … 至程先生又專一發明一箇敬字. 若只恁看 似乎參錯不齊 千頭萬緒 其實只一理."

통을 충실히 계승하고 있는 것이다.

결국 주자의 경 사상의 핵심 내용은 몸과 마음을 모두 정성스럽게 하는데 있음을 알 수 있는데 이는 다음과 같은 주자의 경에 대한 정의에서도 분명하게 확인할 수 있다.

> 그렇다면 경(敬)이란 무엇인가? 단지 경외하다(畏)라는 글자와 비슷하다. 죽은 듯이 망연히 앉아 귀로 아무 것도 듣지 않고 눈으로 아무것도 보지 않으면서 일처리를 전혀 살피지 않는다는 뜻이 아니다. 단지 단정하고 순일하게(整齊純一) 몸과 마음을 거두어들여(收斂身心) 그와 같이 흐트러지지 않는 것이 바로 경이다.[11)]

> 경을 지니는 것(持敬)을 설명할 때는 많은 말이 필요 없다. 다만 '가지런하고 엄숙하다(整齊嚴肅)', '위엄 있고 삼간다(嚴威儼恪)', '몸가짐을 바로잡고 생각을 정돈한다.', '의관을 바로 하고 시선을 정중하게 한다.'와 같은 몇 마디 말씀을 익숙하게 음미하여 그것을 실천에 옮기는 것이다. 그렇게 하면 이른바 '내면을 바르게 하는 것(直內)'과 '하나에 집중하는 것(主一)'은 인위적으로 조절할 필요가 없어지고, 몸과 마음이 엄숙해져서 겉모습과 속마음이 한결같을 것이다.[12)]

위에서 알 수 있듯이 주자는 경이란 '收斂身心(수렴신심)' 즉 몸과 마음을 거두어들이는 것이라고 말하고 있다. 또 '直內(직내)'와 '主一(주일)' 또한 몸과 마음을 함께 하는 것이라고 말하고 있다. 몸가짐을 바로 하는 것이 일차적으로 중요함을 말하고 있는 것이다.

---

11) 『朱子語類』 권12. 75조목. "然敬有甚物. 只如畏字相似. 不是塊然兀坐 耳無聞 目無見 全不省事之謂. 只收斂身心 整齊純一 不恁地放縱 便是敬."

12) 『朱子語類』 권12. 106조목. "持敬之說 不必多言. 但熟味整齊嚴肅 嚴威儼恪 動容貌整思慮 正衣冠 尊瞻視 此等數語 而實加工焉. 則所謂直內 所謂主一 自然不費安排 而身心肅然 表裏如一矣."

3. 퇴계에게 있어서 몸에 대한 인식

퇴계는 만 70년을 살았다. 당시로서는 크게 장수한 것이다. 그렇다면 퇴계는 건강한 몸을 가지고 태어난 것일까? 그렇지는 않은 것 같다. 크게 아파본 경험이 있는 사람이라야 진정 건강의 소중함을 안다. '퇴계가 왜 도교의 양생술을 담고 있는 『활인심방』을 중시한 것일까?'하는 의문은 실제 병약하여 한평생 몸을 돌보아야 했던 그의 삶을 보면 이해가 된다.

「퇴계선생 연보」 제 1권에는 젊은 시절 『주역』 등의 책을 보고 그 뜻을 살피며 고심하다가 병을 얻게 된 다음과 같은 내용이 보인다.

> 무종(武宗) 정덕(正德) 15년 (경진) 20세. 『주역』을 읽고 그 뜻을 강구하느라, 거의 먹고 자는 것을 잊다. 이로부터 항상 파리하고 고단한 병이 있게 되었다. 뒤에 선생이 조사경(趙士敬)에게 준 편지에, "내가 어린 나이로 일찍이 망령되게 뜻한 바 있었으나, 그 방법을 몰라서 단지 너무나 지나치게 고심하기만 했던 탓으로 파리하고 고단하여지는 병을 얻었다." 하였다.[13]

이러한 병은 퇴계가 벼슬길에 나아가 관직생활을 하면서 더욱 깊어졌던 것으로 보인다. 한평생 병을 간직하고 살았던 것이다. 그러한 것을 단적으로 알 수 있는 것은 「도산잡영(陶山雜詠)」에 나오는 다음의 구절이다.

> 아! 나는 불행히도 뒤늦게 구석진 나라에서 태어나서 투박하고 고루하여 들은 것이 없으면서도 산림(山林)에 즐거움이 있다는 것은 일찍 알았었다. 그러나 중년(中年)에 들어 망령되게 세상길에 나아가 바람과 티

---

13) 李滉, 『退溪集』, 「退溪先生年譜卷之一」, '武宗 正德 十五年 庚辰'. "讀周易 講究其義 殆忘寢食. 自是 常有羸悴之疾. 後先生與趙士敬書云. 僕早年妄嘗有意 而昧其方 徒以刻苦過甚.."

> 끌이 뒤엎는 속에서 여러 해를 보내면서 돌아오지도 못하고 거의 죽을 뻔하였다. 그 뒤에 나이는 더욱 들고 병은 더욱 깊어지며 처세는 더욱 곤란하여 지고 보니, 세상이 나를 버리지 않더라도 내 스스로가 세상에서 버려지지 않을 수 없게 되었다. 이에 비로소 굴레에서 벗어나 전원(田園)에 몸을 던지니, 앞에서 말한 산림의 즐거움이 뜻밖에 내 앞으로 닥쳤던 것이다. 그렇다면 내가 지금 오랜 병을 고치고 깊은 시름을 풀면서 늘그막을 편히 보낼 곳을 여기 말고 또 어디를 가서 구할 것인가.[14]

위의 내용에서 볼 수 있듯이 퇴계가 도산서당을 짓고 도산에 머무르게 된 연유 가운데 하나가 바로 오랜 병을 고치고자 한데 있음을 볼 수 있다. 이외에도 퇴계의 연보에는 그가 병을 이유로 여러 번 관직에서 물러났으며, 또 61세가 되던 신유년의 기록에는 "부름에 따라 서울로 가려 하다가 마침 말에서 떨어져, 병으로 사면되었다. 얼마 후에 명나라 사신이 결국 오지 않아 마침내 부름을 정지하였다."[15]는 기록이 보인다. 즉 단순히 병에 걸린 것뿐만 아니라 낙마를 하여 병이 더욱 악화되었다는 사실을 알 수 있다. 또 퇴계가 율곡을 만나 처음 준 시에는 "내 병들어 문 닫은 채 봄빛을 못 보더니 그대와 애기하자 마음이 상쾌하네.(病我牢關不見春 公來披豁醒心神)"[16]라는 구절이 보이는데, 겨우내 병에 시달려 바깥출입을 하지 못하고 있던 상황을 볼 수 있다. 이처럼 퇴계는 한 평생 아픈 몸을 가지고 있으면서도 자신의 건강을 유지하기 위한 지혜를 가지고 있

14) 李滉, 『退溪集』, 『 退溪先生文集卷之三」, 〈陶山雜詠〉. "嗚呼. 余之不幸晚生遐裔 樸陋無聞 而顧於山林之間 夙知有可樂也. 中年 妄出世路 風埃顚倒 逆旅推遷 幾不及自返而死也. 其後年益老 病益深 行益躓 則世不我棄 而我不得不棄於世. 乃始脫身樊籠 投分農畝 而向之所謂山林之樂者 不期而當我之前矣. 然則余乃今所以消積病 豁幽憂 而晏然於窮老之域者 舍是將何求矣."

15) 李滉, 『退溪集』, 「退溪先生年譜卷之二」, '世宗 嘉靖 四十年 辛酉' "正月 將赴召 適墜馬 以病辭. 旣而天使竟不來 遂停召."

16) 정순목, 『退溪評論』, 서울 : 지식산업사, 1991, 151. 재인용.

었다.

그렇다면 퇴계는 우리의 몸을 어떻게 인식하고 있을까? 이에 대한 문제는 우선 퇴계가 인간을 어떻게 이해하고 있는가 하는 데서 출발해야 할 것 같다. 『활인심방』에서는 인간은 육체(形)와 혼(魂)과 넋(魄)으로 이루어져 있다고 말한다. 그래서 죽으면 그렇게 세 가지로 나뉘어 자연으로 돌아가며, 그것이 하나의 기운으로 통하여져 있다고 표현되어 있다.

> 사람은 죽기 마련이기 때문에 형체는 땅으로 돌아가고 혼은 하늘로 올라가고 넋은 샘에 떨어진다. 물과 불이 분리되어 흩어져서 각각 본원으로 돌아간다. 살아 있으면 같은 몸이지만 죽게 되면 부서지고 없어지는 것이다. 날아가고 잠기는 것이 각각 다른 것은 자연이 준 바가 다르기 때문이다. 가는 것은 하나의 나무의 뿌리에서 나온 나무에 비유할 수 있는데, 그것을 불로 태우면 연기는 곧 위로 올라가고 재는 곧 아래로 잠기는 것과 같다. 이 또한 자연의 이치이다.[17]

이처럼 퇴계는 인간은 육체와 혼과 넋으로 이루어져 있으며, 그것이 자연의 법칙과 연관되어 있다고 보았다. 그리고 퇴계는 우주는 리(理)와 기(氣)로 구성이 되어 있으며, 인간에게 있어서 리는 사덕으로 기는 오행으로 나타난다고 보았다.[18] 퇴계는 말하기를 "사람과 만물의 태어남에 있어서 타고난 성(性)은 모두 천리의 리(理)이고 타고난 형체(육체)는 모두 천지의 기이다."[19]라고 하였다. 그리고 기질의 역동적 변화를 통해 일어

---

17) 李滉, 『退溪先生遺墨活人心方』, 〈保養精神〉. "人之死也. 故形歸於地 魂飛於天 魄落於泉 水火分散 各歸本源. 生則同體 死則拍損 飛沈各異 稟之自然. 行者譬如一根之木 以火焚之 烟則上昇 灰則下沈 亦自然之理也."

18) 李滉, 『退溪集』, 『 退溪先生續集卷之八」, 〈太極圖說〉. "所謂理者 四德是也. 所謂氣者 五行是也."

19) 李滉, 『天命道說』. "人物之生也 其所受之性 均是天地之理 所稟之形 均是天地之氣."

나는 생명 현상은 그러한 생명 현상을 인도하거나 지속시켜주는 자연법칙 또는 생명적 법칙이 뒷받침 되고 있다고 보았다. 따라서 이러한 자연법칙과 같은 기질의 승강비약에 위배될 때 질병이 발생할 수 있다고 보았다. 즉 우리의 몸이 오행에 적절하게 순응하지 못하였을 때 질병이 발생하며, 역으로 적절하게 대응했을 때는 질병을 예방할 수 있다고 보았다.[20]

또 퇴계는 인간의 심성에 대하여도 우주의 자연법칙과 유기적으로 설명하고 있다. 그의 심성의 기본 구조는 심(心)·성(性)·정(情)·의(意)로서 심은 리와 기가 합한 것으로 성과 정을 합한 것이며, 성이란 리가 인간에게 부여된 것이며, 정이란 성의 발용으로 생겨나는 마음의 현상이다. 그리고 의란 심에서 생겨나는 작용으로 성악의 기틀이 생겨나는 것으로서 심의 지향성을 말한다.[21]

퇴계가 이해하고 있는 우리의 몸 역시 오행의 기로써 이루어져 있는데 우주의 자연법칙과 유기적으로 연계되어 있다. 그리고 그러한 몸은 마음과 유기적으로 연결되어 있다. 따라서 마음을 고요하게 유지하여 자연으로부터 받은 원기(元氣)를 굳건히 해야 되는 것이다. 이러한 것이 바로 활인심(活人心) 즉 사람을 살리는 마음인 것이다. 『활인심방』에는 이렇게 표현되어 있다.

> 대개 마음이란 마치 물이 오래도록 흔들리지 않으면 깨끗하고 맑아져서 그 밑바닥을 환히 들여다 볼 수 있는 것과 같다. 이와 같은 마음의 본체를 비고 밝다고 하는 것이다. 그러므로 마땅히 마음을 고요하게 해야 원기를 굳건히 할 수 있다. 그러면 만병이 생기지 않아서 오래 살 수

20) 최봉근, 「퇴계철학에서 본 『活人心方』의 질병과 양생의 의미」, 『동양철학연구』 44집, 동양철학연구회, 2005, 106-107쪽 참조.

21) 이완재, 「퇴계의 인간관」, (윤사순 편저, 『한국의 사상가 10인-퇴계 이황』, 예문서원, 2002, 131-132쪽 참조.

> 있다. 만약 한 생각이라도 싹이 트면 정신은 밖으로 치달리고 나쁜 기는 안으로 흩어진다. 피가 나쁜 기를 따라 흐르면 영기(榮氣)와 위기(衛氣)는 혼란되어 온갖 병이 서로 몸을 괴롭힌다.[22]

결국 마음을 고요하게 함으로써 질병을 다스릴 수 있고, 우리의 몸을 우주의 자연법칙과 합일할 수 있다. 그러한 심신의 수양법으로 퇴계가 제시하고 있는 것이 다름 아닌 경(敬)인 것이다.

4. 퇴계의 경 사상에 있어 몸의 문제

중국 송대에 일어난 신유학(新儒學)은 세계존재의 원리를 '리(理)'로써 파악하고 인간의 존재적·도덕적 원리를 '성(性)'으로 파악하여, 이 성과 리를 중심으로 하는 심원한 형이상학과 도덕철학을 수립하였다. 그리고 인간의 자기형성, 즉 인격적·도덕적 주체의 확립을 목표로 하는 학문의 방법으로 '경(敬)'의 개념을 도입하였다. 이황은 정이천과 주희에 의하여 강조된 경 사상을 세계관과 인간관을 포함하는 그의 철학사상의 핵심으로 확립하였다.[23]

퇴계의 경 사상은 엄밀히 말해서 마음을 제어하는 공부법이다. '지경(持經)'이란 나의 마음을 삼가고 가다듬어 조용히 한 점·한 가지 일에 집중시키는 것이다. 마음이 발동하면 생각도 의지도 나타나며 따라서 행위도 나타난다. 그러므로 '경'으로써 마음을 제어하는 것은 인간으로서의 유기적인 작용 일체를 제어하는 것이 된다.[24] 이는 퇴계의 만년인 1568

22) 李滉, 『退溪先生遺墨活人心方』, 〈治心〉. "盖心如水之不撓久而澄淸 洞見其底 是謂虛明. 宜平靜 可以固元氣 則萬病不生 故能長久. 若一念旣萌 神馳於外 氣散於內 血隨氣行 榮衛昏亂 百病相攻."

23) 다카하시 스스무, 최광박 옮김, 『퇴계 경철학』, 동서문화사, 2009, 579-580쪽. 참조.

년(68세)에 선조(宣祖)에게 올린 『성학십도(聖學十圖)』에 잘 나타나 있다. 이 책의 서문 격에 해당하는 「진성학십도차 병도」에서 다음과 같이 말하고 있다.

> '경을 지킨다(持敬)'는 것은 또 사(思)와 학(學)을 겸하고, 동(動)과 정(靜)을 일관하여 내(內)와 외(外)를 합쳐 현미(顯微)를 하나로 하는 길입니다. 이것을 하는 방법은 반드시 마음을 재장정일(齋莊靜一)에 두고 이리(理)를 학문사변(學問思辨)할 즈음에 궁리하여, 보이지 않고 들리지 않는 곳에서 경계하고 두려워함을 더욱 엄히 하시어 삼갈 것이요, 은미유독(隱微幽獨)한 가운데 성찰하시기를 더욱 정밀하게 하셔야 합니다.[25]

그런데 마음과 몸은 유기적인 관계에 있으며, 따라서 퇴계가 말하는 경은 인간의 몸과 마음의 모든 활동을 꿰뚫게 되며, 자기의 인격형성이 근원이 되는 것이다. 퇴계의 언행록 가운데 〈지경(持敬)을 논함〉에서는 다음과 같은 대목이 보이고 있다.

> 이덕홍에게 경(敬)에 대해 논하여 보낸 답서(答書)를 선생도 한 통 베껴서 벽에다 걸어 두었다. 월천(月川) 조목(趙穆)이 일찍이 선생을 모시고 있다가, "왜 그렇게 하십니까?" 하였다. 선생은 답하기를, "내 비록 남을 가르치기는 이렇게 했지마는, 내 몸을 돌이켜 살펴볼 때에는 아직 스스로 충분하지 못하기 때문에 이렇게 하는 것이다."라고 하였다.[26]

---

24) 다카하시 스스무, 최광박 옮김, 『퇴계 경철학』, 동서문화사, 2009, 586쪽. 참조.

25) 李滉, 『聖學十圖』, 〈進聖學十圖箚 幷圖〉, "而持敬者 又所以兼思學 貫動靜 合內外 一顯微之道也. 其爲之之法 必也存此心於齋莊靜一之中 窮此理於學問思辨之際 所以省察者 愈靜愈密."

26) 李滉, 『退溪集』, 「言行錄 一」, 〈論持敬〉, "答德弘論敬書因寫一通揭之于壁. 趙月川穆嘗侍左右問 何以若是. 曰我雖敎人如此而反諸吾身猶未能自盡故然耳."

위의 내용은 '경' 사상의 대가라 할 수 있는 퇴계가 경에 대하여 자신의 제자인 이덕홍에게 편지를 보내 놓고서, 그 내용을 자기의 방 벽에다 붙여 놓은 것을 조목이 그 연유를 물음에 대한 대답이다. 퇴계는 이에 대하여 '反諸吾身 猶未能自盡'이라 대답하고 있다. 즉 자신의 몸을 돌이켜 반성해보니 아직도 충분하지 않다는 것을 알았다는 것이다. 결국 퇴계에게 있어서 '경'은 구체적인 몸의 행위를 통하여 완성되는 것임을 알 수 있다.

물론 퇴계의 경 공부가 도가의 양생법과 같이 몸의 수행을 통하여 불노장생(不老長生)을 추구한다는 의미는 아니다. 분명 마음을 다스리는 공부이지만 경 공부를 통하여 몸 또한 다스려지게 되는 것이며, 몸이 자연스럽게 마음을 쫓게 되는 경지에 이르러야 경 공부가 완성되어진다는 의미이다. 이러한 점은 퇴계의 제자인 김성일(金誠一)이 주자의 스승인 이연평(李延平)의 정좌(靜坐, 좌선)에 대하여 퇴계에게 질문하자, 이에 대하여 다음과 같이 답하고 있는 데서 알 수 있다.

> 정좌한 뒤라야 몸과 마음이 수렴되어서, 도리(道理)도 비로소 한곳에 모이게 될 것이다. 만일 육신이 나태하여 단속함이 없으면, 심신이 혼란해져서, 도리도 더 이상 한곳에 모일 수 없을 것이다. 그러므로 고정(考亭, 주자)은 연평을 마주 대해서 온종일 정좌해 앉았다가 물러나와 혼자 있을 때에도 여전히 그렇게 했다.[27]

이처럼 퇴계는 주자가 그의 스승인 이연평 가르침에 따라 정좌를 하고 또 혼자 있을 때에도 정좌를 한 것은 '정좌'라는 수련을 통하여 몸과 마음을 다스리기 위함이었음을 알 수 있다. 이러한 정좌 수련은 몸에 고통이 따르기 마련이다. 그렇기 때문에 꾸준한 수련을 통하여 단련이 되어야 하

---

27) 李滉, 『退溪集』, 「言行錄 一」, 〈論持敬〉, "問延平靜坐之說. 先生曰 靜坐然後信心忮斂道理方有湊泊處. 若形骸放怠無檢則身心昏亂道理 無復有湊泊處. 故考亭對延平靜坐終日及退私亦然."

는 것이다. 이어서 김성일이 "정좌에는 구속의 병통이 있으니 어찌 해야 하겠습니까?"라고 묻자, 퇴계는 다음과 같이 답하고 있다.

> 만일 구속을 싫어하여 자연히 되기를 기다린다면, 이는 곧 성현들의 온몸이 마음의 명령을 따라 공손하고 평안해지는 일이니, 처음으로 배우는 사람으로서 할 수 있는 일이 아니다. 대개 구속의 병통은, 실은 경을 유지하는 공부가 지극하지 못해서 함부로 놓아 편안하려는 까닭이다. 마음이 만약 항상 깨어 있어 게으르거나 방일하지 않으면, 온몸은 자연히 수렴되고 검열되어 내 마음의 명령을 좇을 것이다."[28]

이렇게 심신의 경 공부를 강조한 퇴계는『대학(大學)』과 더불어『소학(小學)』을 공부할 것을 강조하였다. 퇴계의 경 사상을 밝히고 있는 대표적인 것은『성학십도(聖學十圖)』라 할 수 있다. 퇴계는 이 책의『소학제사(小學題辭)』에서 "『소학』의 방법은, 물 뿌리고 쓸고 응답하며 집에 들어가서는 효도하고 밖에 나가서는 공경하여 모든 행동에 거스름이 없이 행한 뒤에 여력이 있으면 시(詩)를 외고 글을 읽으며 영가(詠歌)하고 무도(舞蹈)를 하는 데도 생각이 지나침이 없게 하는 것이다. 이치를 궁구하고 몸을 닦는 것은 이 학문의 큰 요지이다."[29]라고 말한다. 이처럼 경 공부는 몸을 떠나서 하는 것이 아니라『소학』에서 말하는 일상적인 행위 속에서 실천해야 함을 퇴계는 강조하였다. 이러한 몸에 의한 실천적 토대 위에서 마음의 경 공부가 이루어져야 하는 것이다.『소학』과『대학』을 동시에 강조하면서도 그 상호 연관성에 대하여 퇴계는 여러 곳에서 강조하고 있는데, 그 단적인 예를「제4 대학도」에서『대학혹문(大學或問)』을

---

28) 李滉,『退溪集』,「言行錄 一」,〈論持敬〉, "若厭拘束而待其自然 則是乃聖賢百體從令 而恭而安之事非初學所可能也. 大抵拘束之病 實由持敬之工未至安肆日偸故也. 心若惺惺無所怠放 則百體自然收檢而從令矣."

29) 李滉,『聖學十圖』,〈第三小學圖〉, "小學之方 灑掃應對 入孝出恭 動罔或悖. 行有餘力 誦詩讀書 詠歌舞蹈 思罔或逾. 窮理修身 斯學之大."

인용하여 주자의 경에 대한 사상을 강조하고 있는 데에서 볼 수 있다.

> 정자는 일찍이 '주일무적'으로써 그것(敬)을 말했고, '정재엄숙'으로써 그것을 말했다. 그의 문인인 사상채는 이른바 '상성성법(常惺惺法)'을 들어 말했다. 윤화정은 '그 마음을 수렴하여 어떠한 일물도 용인하지 않는다.'고 말했다.(운운) 경이란 일심의 주재로서 만사의 본원이다. 경을 공부하는 방법을 안다는 것은 『소학』의 공부에 의하여 비롯되지 않으면 안 된다는 것을 알게 됨으로써 『대학』의 공부에 의하지 않고서는 마무리 될 수 없다는 것을 알게 되는 것이다. 경 공부에 『소학』과 『대학』은 서로 일관성이 있다는 것을 의심할 수 없다. [30]

또 「제9 경재잠도」[31]에서는 경의 실천단계에서 나타나는 구체적인 세목을 밝히고 있다. 여기에서는 실천 장소에 따라 몸에 위엄이 있고 마음을 한 곳에 집중하는 심신의 수양공부가 지경에 있음을 다음과 같이 말하고 있다.

> 의관을 바르게 하며 그 보는 눈매를 존엄하게 하라. 마음을 조용히 가져 상제를 대하듯 거하라. 발은 반드시 무겁게 놓을 것이며, 손은 반드시 공손하게 가질 것이다. 땅을 밟을 때는 반드시 가려 밟되 조심스럽게 나아가라. 문을 나설 때는 큰 손님을 뵙는 것 같이 하며, 일을 할 때는 제사를 지내는 것같이 하되 조심히 행하여 안이하게 처리하지 마라. 입 다물기를 항아리와 같이 하고, 잡념을 방비하기를 성과 같이 하라. 서쪽

30) 李滉, 『聖學十圖』, 「第四大學圖」, 〈大學或問〉. "程子嘗以主一無適言之 嘗以整齊嚴肅言之. 門人謝氏之說 則有所謂常惺惺法者焉. 尹氏之說 則有其心收斂 不容一物者焉 云云. 敬者一心之主宰 而萬事之本根也. 知其所以用力之方 則知小學之不能無賴於此以爲始 知小學之賴此以始 則不大學之不能無賴於此以爲終者 可以一以貫之而無疑矣."

31) 원래 〈경재잠(敬齋箴)〉은 주희가 장경부의 〈주일잠(主一箴)〉을 읽고서 그가 남긴 뜻을 취하여 만든 것이다. 그리고 〈경재잠도〉는 왕노재가 그린 것이다.

> 으로 간다하고 동쪽으로 가지 말며, 북쪽으로 간다하고 남쪽으로 가지 말라. 일을 할 때에는 오직 거기에만 마음을 두고 다른 데로 쫓지 않게 하라. 마음을 한 가지 일에 집중하여 다른 일과 섞지 말라. 마음을 하나로 하여 온갖 변화를 살펴볼 것이다. 이렇게 노력하는 것을 가리켜 '지경(持敬)'이라 한다.[32]

위에서 볼 수 있듯이 퇴계의 경 공부는 '의관을 바르게 하고', '눈매를 존엄하게 하고', '땅을 밟을 때는 반드시 조심스럽게 하라'는 등의 구체적인 몸가짐과 행위의 원칙을 제시하고 있다.

마지막으로 「제10 숙흥야매잠도」에서는 경의 실천단계에서 나타나는 구체적인 세목을 시간을 중심으로 하여 밝히고 있다. 여기에서는 새벽에 깨어나 밤에 잠이 들 때까지의 몸가짐과 마음가짐에 대하여 자세히 밝히고 있음을 볼 수 있다.

> 닭이 울어서 잠이 깨면 차츰 여러 가지 생각이 일어난다. 어찌 이때에 고요하고 정돈되지 않겠는가! 혹은 과거의 허물을 반성하고 혹은 새로 얻은 것을 생각해 낸다. 일의 절차와 수리(修理)를 밝게 마음속으로 인식하라. 근본이 이미 섰으면 새벽에 일찍 일어나 세수하고 빗질하며 의관을 단정히 하고 앉아 용모를 가다듬어라. 이 마음을 이끌어 집약하면 해와 같이 마음이 밝아진다. 내 몸을 엄숙히 가다듬고 내 마음을 비워 밝게 하여 조용히 집중시켜라. 그리하여 책을 펴서 성현과 마주하면 공자가 거기 있고 안자와 증자도 그 앞뒤에 있다. 성현이 말하는 바를 삼가 경건히 듣고, 제자들이 묻는 것을 거듭 듣고 바로잡아라. 일이 일어나 바르게 응하면 하는 일에 효험이 나타날 것이다. 하늘의 명령은 분명

---

32) 李滉, 『聖學十圖』, 「第九敬齋箴圖」, 〈敬齋箴〉. "正其衣冠 尊其瞻視. 潛心以居 對越上帝. 足容必重 手容必恭. 擇地而蹈 折旋蟻封. 出門如賓 承事如祭 戰戰兢兢 罔敢或易. 守口如甁 防意如城 洞洞屬屬 罔敢或輕. 不東以西 不南以北. 當事而存 靡他其適. 弗貳以二 弗參以三. 惟心惟一 萬變是監. 從事於斯 是曰持敬."

> 하고 당연한 이치도 거기에 있다. 일에 응하여 이미 끝나면 나는 곧 처음과 같아질 것이니 마음을 가라앉혀 정신을 모으고 잡념을 버려라. 고요함과 움직임은 순환하되 내 마음은 이것을 보고 있다. 고요하게 하여 마음을 보존하고 움직여서 이를 똑똑히 살피며, 마음을 두셋으로 나누지 말고 어지럽히지 말라.[33)]

이와 같이 퇴계의 '경'은 온종일의 구체적인 일상 속에서 몸과 마음의 실천을 통하여 이루어지는 공부법임을 알 수 있다. 퇴계는 정이가 말한 '경이란 바로 정제엄숙(整齊嚴肅)'이란 말을 여러 곳에서 강조한 데서 알 수 있듯이, 경 공부는 몸을 떠나서는 논할 수 없는 것이다.

5. 나가는 말

이상으로 퇴계의 경 사상에 있어서 몸의 문제가 어떻게 표출되고 있는가를 살펴보았다. 퇴계는 한평생 성인이 되는 도학을 추구하였으며, 그 주된 공부법의 하나로 경 공부를 제시하였다. 그런데 이 경 공부는 마음의 공부에 그치는 것이 아니라 몸의 구체적인 행위를 통하여 완성되는 것임을 알 수 있었다. 이는 신심조화, 신심불이의 신심일원론의 철학이 퇴계의 경 사상에는 내재되어 있음을 말하는 것이다.

일찍부터 퇴계의 『활인심방』에 관심을 가지고 있었다. 그것은 체육철학 전공자로서 어찌 보면 당연한 관심일 수 있었다. 그런데 도교적인 요

---

33) 李滉, 『聖學十圖』, 「第十夙興夜寐箴圖」, 〈夙興夜寐箴〉. "鷄鳴而寤 思慮漸馳. 盍於其間 澹以整之. 或省舊愆 或紬新得 次第條理 瞭然默識. 本既立矣 昧爽乃興 盥櫛衣冠 端坐斂形. 提掇此心 皦如出日. 嚴肅整齊 虛明靜一. 乃啓方冊 對越聖賢 夫子在坐 顏曾後先. 聖師所言 親切敬聽 弟子問辨 反覆參訂. 事至斯應 則驗于爲. 明命赫然 常目在之. 事應既已 我則如故 方寸湛然 凝神息慮. 動靜循環 惟心是監 靜存動察 勿貳勿參."

소가 담긴 『활인심방』과 사단칠정 논쟁으로 유명한 대유학자 퇴계의 철학 사이의 유기적인 관련성을 어떻게 설명할 수 있을까 하는 의문을 떨쳐버릴 수가 없었다. 그러던 중 『성학십도』를 읽으면서 그러한 의심을 떨쳐버릴 수 있었다. 그가 말한 '경' 사상 속에 바로 마음과 몸의 문제가 집약되어 있음을 발견했기 때문이다.

언제부터인가 현대의 체육은 지 · 덕 · 체의 조화로서 이상적인 인간이 되기 위한 몸짓이 아니라, 단순히 스포츠나 건강을 위한 행위로 전락해버렸다. 체육학에 있어서 인문학적 성찰이 요구되고, 또한 체육철학이 강화되어야 하는 당위가 여기에 있다. 몸의 행위가 이상적 인간이 되기 위한 성찰적 몸짓이 되고, 또 그러한 몸짓이 우주의 이법과 하나로 조화되는 것을 추구한 퇴계의 경 사상이야말로 현대 상업화되고 타자화되고 전도되어진 체육 활동에 하나의 경종이 된다고 할 수 있다.

참고문헌

『聖學十圖』
『心經附註』
『二程文集』
『朱子語類』
『退溪集』
『河南程氏遺書』

금장태(2003), 『퇴계의 삶과 철학』, 서울대출판부.
김영환 外 공저(2002), 『체육철학』, 연세대출판부.

니시다 기타로·다카하시 스스무 지음, 최광박 옮김(2009), 『선의 연구-퇴계 경 사상』, 서울 : 동서문화사.
윤사순 편저(2002), 『한국의 사상가 10인-퇴계 이황』, 서울 : 예문서원.
이정학(2005), 『체육과 스포츠의 철학적 탐구』, 서울 : 대한미디어.
임수무 外(2007), 『공부론』, 서울 : 예문서원.
정순목(1991), 『退溪評論』, 서울 : 지식산업사.
한자경(2008), 『한국철학의 맥』, 이화여대출판부.
한형조(1996), 『주희에서 정약용으로』, 서울, 세계사.

강희복(2007), 「退溪 心學에서의 敬과 즐거움(樂)」, 『한국철학논집』 21, 한국철학사연구원.
김기현(2007), 「퇴계의 敬사상 : 敬畏의 삶의 정신」, 『퇴계학보』 122, 퇴계학연구원.
김영진(1988), 「퇴계의 사상이 학교체육에 주는 의미」, 경희대학교 석사논문.
김태반(1996), 「퇴계철학의 신체사상에 관한 연구」, 한국교원대학교 석사논문.
김흥수(1994), 「退溪의 體育思想에 관한 연구-Wellness적 입장에서의 조명」, 성균관대학교 박사논문.
송병환(1985), 「퇴계와 율곡의 체육사상 비교연구」, 전남대학교 석사논문.
이세호(1994), 「퇴계의 사상과 체육」, 한국교원대학교 석사논문.
정재환(1997), 「퇴계·율곡의 한국체육사상에 관한 연구」, 동아대 박사논문.
최봉근(2002), 「퇴계철학에서 본 『活人心方』의 질병과 양생의 의미」, 『동양철학연구』 44, 동양철학연구회.
황금종(2002), 「栗谷의 敬과 誠의 공부론적 성격 및 관계」, 『동서철학연구』 26, 한국동서철학회.
천선필(1989), 「퇴계의 성학십도에 관한 연구」, 단국대학교 석사논문.

한명수(1979), 「퇴계의 '敬'에 관한 연구」, 『한국의 철학』 창간호, 경북대 퇴계연구소.

한양순 外(1992), 「퇴계의 『活人心方』을 활용한 한국적 민속체조의 개발에 관한 연구」, 『論叢』 28, 연세대학교.

율곡의 심신수양론과 체육철학적 함의*

1. 문제제기

체육철학은 체육학의 입장에서 보면 몸과 몸의 활동과 관련된 체육활동의 본질적 의미를 묻는 학문이라 한다면, 철학의 입장에서는 법철학 · 경영철학 등과 같이 응용철학의 한 분과라 할 수 있다. 현대에 와서 한국체육학계에 있어서 체육철학이 학문적 영역의 한 분과로 자리 잡게 되었지만, 이론적 토대는 서양철학의 이론이 주류를 차지하고 있다.

그런데 인간의 신체활동이란 인류의 출현과 함께 시작되었고, 근대 스포츠의 개념을 적용한다 하더라도 한국 체육철학의 외연을 근대시기 이후로 설정할 수는 없다. 따라서 전 근대시기 전통철학에 나타나 있는 한국체육철학의 정체성을 복원하고 이를 근 현대 서양의 체육철학 이론과 소통, 융합시켜 한국 체육철학의 정체성을 확립해 나가야 하는 당위가 우리 앞에 놓여 있다.

박정심은 "몸에 관한 이해방식은 문화적 · 역사적 경험의 총체라고 하는 점에서 몸 담론은 그 시대를 이해하는 중요한 코드라고 할 수 있다."[1)]

※ 본 논문은 한국동서철학에서 2015년에 발간한 『동서철학연구』 76호 167-189쪽에 실린 논문이다.

1) 박정심(2013), 「근대적 몸[신체]의 발견 : 修身에서 體育으로」, 『한국철학논집』 36, 한

고 말한다. 그는 전근대와 근대를 나누는 기준은 '도덕적 요소를 전제로 했던 수신(修身)에서 생물학적 차원인 체육으로의 전환'이라고 말한다. 수신과 체육의 차이와 더불어 '근대적 몸 담론은 새롭게 생성된 인간주체에 관한 이해방식의 전환을 파악할 수 있는 바로미터'라고 주장한다.[2] 그런데 정신과 몸을 이분법적으로 나누고, 수신을 제외한 생물학적 차원의 체육활동 및 경쟁과 기록을 중시하는 운동선수 위주의 스포츠를 강조했던 근대 체육철학의 정신은 현대에 이르러 서구 사회자체 내에서조차 비판의 대상이 되고 있다.

정신과 몸이 둘로 나누어질 수 없듯이 인간의 신체적 활동 또한 인간됨의 목표와 유리될 수는 없다. 수신과 체육을 분리해서 바라보는 근대 서구적 사유야말로 신체적 활동의 본질적 의미를 묻는 체육철학이 출현하게 된 이유라 할 수 있다. 그것은 오히려 우리의 전통철학 속에 근대를 넘어 현대 체육철학이 추구하는 인간의 몸과 신체활동의 본질적 의미가 함축되어 있다고 볼 수 있다. 동양철학의 정신은 기본적으로 천인합일(天一合一)을 통한 성인됨을 목표로 하면서, 몸과 마음의 수양을 강조해왔다. 또한 기(氣)를 매개로 하여 천인합일의 철학적 근거를 제시하였으니, 주희가 "천지와 내 몸의 기가 둘이 아니다."[3]라고 말한 데에서 알 수 있다.

율곡 이이(栗谷李珥)는 퇴계 이황(退溪李滉)과 더불어 주자 성리학을 계승하여 조선 성리학을 정초한 인물로 리기지묘(理氣之妙), 기발이승(氣發理乘), 리통기국(理通氣局) 등 자신의 독창적인 사상을 전개하였다. 본고는 체육철학의 관점에서 율곡의 심신관과 그 수양론을 살펴보고

국철학사연구회, 176.

2) 박정심(2013), 「근대적 몸[신체]의 발견 : 修身에서 體育으로」, 『한국철학논집』 36, 한국철학사연구회, 176.

3) 朱熹, 『朱子語類』 권 52, 82조. : "天地吾身之氣非二."

자 하는데 목적이 있다. 물론 엄밀한 의미에서 율곡의 학문적 관심은 체육학의 대상인 신체와 신체활동과는 거리가 있다. 율곡은 한평생 내성외왕(內聖外王)을 목표로 하여 성리학적 이론을 정립하고, 또 경세의 실천을 겸했던 유학자였다. 따라서 율곡의 저술에 나타난 '심신'에 대한 용어를 체육철학적 관점에서 접근함에 있어서는 세심한 주의를 기울여야 한다. 그럼에도 불구하고 그의 심신관과 심신수양론 속에는 몸과 몸의 움직임을 통해 완전한 인간이 되고자 하는 철학적 성찰이 담겨있으며, 이는 신체의 활동과 인간됨의 관계를 중요시하는 체육철학의 목표와 연관되어져 있다. 또 신체의 활동은 마음과 긴밀한 관련 속에서 이루어지고, 신체활동을 통한 행위가 육체적인 건강뿐만 아니라 정신적인 건강을 유지시켜준다는 점은 많은 연구를 통하여 확인되고 있다. 신체관 만을 대상으로 하지 않고 심신관과 심신수양론을 대상으로 하고 있는 것은 이 같은 이유이다.

그동안 이에 관한 대표적인 선행연구자로는 이진수, 진윤수, 이달호, 김미경, 박영호 등을 들 수 있다.[4] 본고에서는 이들의 연구 성과를 토대로 하여, 율곡의 수많은 저술 가운데 특히 심신관의 문제가 많이 나타나 있는『성학집요(聖學輯要)』와『격몽요결(擊蒙要訣)』을 중심으로 하여 율곡의 심신관과 수양론의 내용을 분석하고, 이어 이것이 지닌 체육철학적 함의가 무엇인지를 규명하고자 한다.

2.『성학집요』와『격몽요결』에 나타난 심신과 수양의 문제

율곡은 "처음 배우는 사람은 먼저 뜻을 확립하는 것을 필요로 한다. 반드시 성인이 되기를 자기의 목표로 삼고서 한 터럭만큼도 스스로 포기하

---

4) 구체적인 연구물의 서지사항은 참고문헌에 제시하였다.

거나 머물러서 미루려는 생각을 가져서는 안 된다."[5]고 하여 학문의 목표를 성인에 두어야 함을 분명히 한다. 이어 율곡은 "대개 뭇사람도 성인과 그 본성은 동일하다. 비록 기질에 맑고 흐리고 순수하고 박잡한 차이가 없지 않으나, 참으로 능히 참되게 알고 진실되게 행하여 그 낡은 버릇을 버리고 시초의 본성을 되찾게 되면, 털끝만큼을 보태지 않고서고 온갖 선이 다 만족하여질 것이다."[6]라고 하여, 모든 사람이 성인이 될 수 있는 근거를 '본성'의 완전성과 동일성에서 찾고 있다. 다만 모든 사람이 성인이 되지 못한 이유는 '기질의 차이'에 의한 것이니, 수행을 통하여 그 기질을 극복하고 본성을 회복한다면 모두 성인이 된다고 말하고 있다. 율곡 철학의 대강이 여기에 다 들어 있다.

성리학의 공부론의 체계가 『소학(小學)』과 『대학(大學)』에 구비되어 있다면, 율곡의 공부론의 체계는 『격몽요결』과 『성학집요』에 집약되어 있다. 율곡이 초학자의 공부길을 제시한 것이 『격몽요결』이며, 임금의 학문과 정치적 소양을 육성하기 위하여 저술한 것이 바로 『성학집요』이다. 여기에는 수기치인(修己治人)의 근거와 구체적인 방법론이 들어 있어서, 율곡의 심신관과 수양론을 규명하기 위해서는 이 두 책에 의존하는 것이 유용하다고 보여 진다.

1) 『격몽요결』의 심신관 : '입지'·'혁구습'·'수신'을 중심으로

『격몽요결』은 서(序)와 함께 입지(立志)·혁구습(革舊習)·지신(持身)

---

5) 李珥, 『擊蒙要訣』, 立志章 第一. : "初學, 先須立志, 必以聖人自期, 不可有一毫自小退託之念." (한글 : 한국학중앙연구원편(2007), 『栗谷學硏究叢書(자료편)』 5, 강원도: 사단법인 율곡학회, 2).

6) 李珥, 『擊蒙要訣』, 立志章 第一. : "蓋衆人與聖人, 其本性則一也, 雖氣質不能無淸濁粹駁之異, 而苟能眞知實踐, 去其舊染, 而復其性初, 則不增毫末, 而萬善具足矣." (한글 : 한국학중앙연구원편(2007), 『栗谷學硏究叢書(자료편)』 5, 강원도: 사단법인 율곡학회, 2).

·독서(讀書)·사친(事親)·상제(喪制)·제례(祭禮)·거가(居家)·접인(接人)·처세(處世) 등 10장의 체계로 되어 있다. 이 가운데 율곡의 심신관을 살펴볼 수 있는 것은 '입지(立志)·혁구습(革舊習)·지신(持身)' 등의 세 장이다.

우선 '입지'장에서 주목되는 대목은, '사람의 신체[용모]는 타고난 것이어서 고칠 수 없지만, 심지(心志)는 변화시킬 수 있기 때문에 어질고 지혜롭게 해야 한다'고 하여, 수양의 대상으로 '마음'과 '뜻'에 강조점을 두고 있음을 볼 수 있다.

> 사람의 용모는 추한 모습을 곱도록 고칠 수 없으며, 키는 작은 것을 크게 고치 수 없다. 이것은 이미 정해진 운명을 고칠 수 없어서 이다. 그러나 심지는 어리석은 것을 지혜롭게, 어질지 못한 것을 현숙하게 바꿀 수 있다. 이것은 마음의 허령(虛靈)은 타고난 것에 구애받지 않기 때문에서이다. 대체 지혜로움보다 아름다운 것이 없고 어짊보다 귀한 것은 없다. 왜 그다지도 어질고 지혜롭게 되려 하지 않고 하늘이 부여해 준 본성만 손상하고 있는가! 사람이 이 뜻을 간직하고 굳게 물러서지 않는다면 거의 도에 가까우리라.[7)]

다음으로 '혁구습'장에서는 학문에 뜻을 두고서도 성취하지 못하는 이유를 구습이 막아서 방해하는 데에서 찾고, 그 구습을 혁파하기 위한 8가지 조목을 제시하고 있다. 이중 심신과 관련된 것으로 다음의 세 가지를 들 수 있다.

---

7) 李珥, 『擊蒙要訣』, 立志章 第一. : "人之容貌, 不可變醜爲姸, 膂力, 不可變弱爲强, 身體, 不可變短爲長, 此則已定之分, 不可改也, 惟有心志, 則可以變愚爲智, 變不肖爲賢, 此則心之虛靈, 不拘於稟受故也, 莫美於智, 莫貴於賢, 何苦而不爲賢智, 以虧損天所賦之本性乎, 人存此志, 堅固不退, 則庶幾乎道矣." (한글 : 한국학중앙연구원 편(2007), 『栗谷學硏究叢書(자료편)』 5, 강원도: 사단법인 율곡학회, 3).

> 첫째, 마음가짐을 게을리 하고 몸가짐을 방종하게 하여 다만 놀고 편안하기만을 생각하고 제한이나 속박을 매우 싫어하는 것이다.
>
> 셋째, 함께 휩쓸리기를 즐기고 혼자 달리하기를 싫어하여 유속(流俗)에 빠져드는 것과, 조금 몸을 닦거나 조심을 해보려다가도 여러 사람들과 틀어질까 두려워 하는 것이다.
>
> 여덟째, 즐기고 욕심내는 것에 절도가 없어 능히 이를 끊고 억제하지 못하면서, 화리(貨利)와 성색(聲色)을 좋아하는 것이다.[8)]

이 같은 내용들은 잘못된 습관이 마음을 해롭게 한다고 보고, 구습을 과감히 제거해야 함을 강조하고 있는 것이다. 이어 '지신'장에서는 구습을 끊는 차원을 넘어 성인이 되기 위해서 항상 몸과 마음을 바로 해야 함을 강조하고 있다. 율곡은 공자의 '충과 신으로 주를 삼아라.[主忠信]'는 말을 들어 학문의 방향을 제시한 후, 구용(九容)과 구사(九思)의 실천을 강조한다. 즉 "몸과 마음을 가다듬는 데는 구용보다 진실한 것이 없고, 학문을 진전하게 하고 지혜를 높이는 데는 구사보다 절실한 것이 없다."[9)] 고 말하고 있는데, 이 중 심신관과 관련이 있는 것은 구용이다. 구용이란 평소 행해야할 행동거지로서 "① 발은 무겁게 하고. ② 손은 공손하게 하며. ③ 눈은 단정히 하고. ④ 입은 그치며, ⑤ 소리는 고요히 하고, ⑥ 머리는 곧게 하며, ⑦ 기운은 엄숙히 하고, ⑧ 서 있을 때는 덕이 있게 하고, ⑨ 얼굴은 씩씩하게 하라."[10)]는 것이다.

이와 같이 율곡이 『격몽요결』에서 강조하는 것은 '몸과 마음'의 잘못을

---

8) 李珥, 『擊蒙要訣』, 革舊習章 第二. : "其一, 惰其心志, 放其儀形, 只思暇逸, 深厭拘束. … 其三, 喜同惡異, 汩於流俗, 稍欲修飭, 恐乖於衆. … 其八, 嗜慾無節, 不能斷制, 貨利聲色, 其味如蔗." (한글 : 한국학중앙연구원편(2007), 『栗谷學硏究叢書(자료편)』 5, 강원도: 사단법인 율곡학회, 5).

9) 李珥, 『擊蒙要訣』, 持身章 第三. : "收斂身心, 莫切於九容, 進學益智, 莫切於九思."

10) 李珥, 『擊蒙要訣』, 持身章 第三. : "所謂九容者, 足容重, 手容恭, 目容端, 口容止, 聲容靜, 頭容直, 氣容肅, 立容德, 色容莊."

과감히 고치고, 몸과 마음을 바르게 하고 안팎을 한결같이 하여 성인으로 나아가야 함을 강조하고 있는 것이다. 특히 율곡은 “거경(居敬)으로 근본을 세우고, 궁리(窮理)로 선을 밝히고, 역행(力行)으로 진실을 실천한다는 세 가지는 종신의 사업인 것이다.”[11]라고 하여, ‘거경과 궁리와 역행’을 중시하고 있음을 볼 수 있다.

2) 『성학집요』의 심신관 : ‘수기’편을 중심으로

『성학집요』의 전체의 체계는 『대학』의 삼강령 팔조목의 체계를 따르고 있다. 전체 8권으로 이루어진 『성학집요』는 그 구성에 있어서는 5편으로 나뉘어 있는데, ‘1편은 통설(統說), 2편은 수기(修己), 3편은 정가(正家), 4편은 위정(爲政), 5편은 성현도통(聖賢道通)’이다. 율곡은 이 책의 ‘서(序)’에서 전체의 체제에 대하여 설명하고 있다. 즉, 1편 통설은 ‘수기’와 ‘치인’을 함께 말하고 있는 것으로 삼강령을 종합하여 말한 것이고, 2편의 ‘수기’는 『대학』의 ‘명명덕(明明德)’을 밝힌 것으로, 총 13장으로 나누어 있다. 3편과 4편은 『대학』의 ‘신민(新民)’을 밝힌 것인데, 3편 ‘정가’는 8조목 중 ‘제가(齊家)’를 말한 것이며 4편 ‘위정(爲政)’은 8조목 중 ‘치국·평천하(治國平天下)’를 말한 것이다. ‘정가’는 8장으로, ‘위정’은 10장으로 제시하고 있다. 5편의 ‘성현도통’에서는 『대학』의 실적(實跡)을 말하고 있다.[12]

이 중 율곡의 심신관과 관련하여 주목되는 것은 제2편의 ‘수기’이다. 이에 앞서 ‘통설’에서 율곡은 성인됨의 방법으로서 ‘중화(中和)’를 강조하고 있는데, 주자의 다음과 같은 말을 인용하여 설명하고 있다.

---

11) 李珥, 『擊蒙要訣』, 持身章 第三. : “居敬, 以立根本, 窮理, 以明乎善, 力行, 以踐其實. 三者, 終身事業也.”

12) 한국학중앙연구원편(2007), 『栗谷學研究叢書(자료편)』 4, 강원도 : 사단법인 율곡학회, 2007, 12-14. 참조.

> 계구(戒懼)로부터 요약하여 지극히 정(靜)한 가운데에, 편벽되고 기울어진 바가 없고 그 지키는 것을 잃지 않는 데까지 이르며, 그 '중(中)'을 극진히 하여서 천지가 안정될 것이요. 신독(愼獨)으로부터 정밀히 하여 사물에 응하는 곳에, 조금도 어긋나는 것이 없고, 가는데 마다 그렇지 않은 것이 없는 데까지 이르면 그 '화(和)'가 지극하여서 만물이 다 생육할 것이다. 대개 천지와 만물은 본래 나와 한 몸이니 나의 마음이 바르면 천지의 마음도 또한 바르게 되고, 나의 기(氣)가 순하면 천지의 기(氣)도 순하게 된다.[13]

여기에서 주목 되는 것은 마음과 몸이 정할 때는 '중'에 합치되고 또 마음이 발하고 몸이 활동할 때는 '화'에 합치하여 '중화'를 이룸으로서 성인이 된다고 보고 있는 점이다. 또한 '천지의 마음과 기'가 '나의 마음과 기'와 하나로 통하고 있다는 사유로서, 이는 천인합일의 사유와 우주만유가 기로 되어있다는 사유라 할 수 있다.

'수기'편은 상 · 중 · 하 셋으로 나누어 상편에서는 제1장 '수기통설(修己統說)'제2장 '입지(立志)', 제3장 '수렴(收斂)', 제4장 궁리(窮理)를 다루고, 중편에서는 제5장 '성실(誠實)', 제6장 '교기질(矯氣質)', 제7장 '양기(陽氣)', 제8장 '정심(正心)', 제9장 '검신(檢身)'을 다루며, 하편에서는 제10장 '회덕량(恢德量)', 제11장 '보덕(輔德)', 제12장 '돈독(敦篤)', 제13장 '수기공효(修己功效)' 등을 다루고 있다. 이러한 체제는 '존덕성(尊德性) 도문학(道問學)'과 '지행병진(知行竝進)'을 중시하는 율곡의 입장이 반영된 것이며, 상편은 『대학』 팔조목 중 '격물 · 치지'에 해당하고, 중편의 5장에서 8장은 '성의 · 정심'에 해당하며, 9장은 '수신'에 해당한다고 할 수 있다. 하

13) 李珥, 『聖學輯要』 卷一 '統說'. "自戒懼而約之, 以至於至靜之中, 無所偏倚而其守不失,則極其中而天地位矣. 自愼獨而精之, 以至於應物之處, 無少差謬而無適不然, 則極其和而萬物育矣. 蓋天地萬物, 本吾一體 吾之心正, 則天地之心 亦正矣. 吾之氣順, 則天地之氣 亦順矣." (한글 : 한국학중앙연구원편, 『栗谷學研究叢書(자료편)』 4, 21-22).

편은 율곡이 스스로 보충하여 놓은 것이다.[14] 여기에서는 상편과 중편을 중심으로 살펴보고자 한다.

'입지'란 배움에 뜻을 세우는 것으로서, 율곡은 우선 도에 뜻을 두면 성품이 본래 선하기 때문에 반드시 이룰 수 있다고 말한다. 그리고 그것을 방해하는 것은 '불신(不信)'과 '부지(不智)'와 '불용(不勇)'이라고 말한다. '수렴'은 '경(敬)'공부가 성학의 근본이 됨을 강조한 것으로 '존덕성'에 해당하고, '궁리'는 '치지(治至)'에 이르기 위한 과정으로 '도문학'에 해당한다고 할 수 있다. 여기에서는 독서하는 방법을 구체적으로 밝히고 있는데, 『소학』, 사서(四書), 육경(六經), 사기(史記)를 읽는 방법을 구체적으로 소개하고 있다. 이어 율곡의 심신관에 관한 학설이라 할 수 있는 '심·성·정', '리기', '사단칠정' 등의 이론을 구체적으로 다루고 있다.

제4 '궁리'장과 제5 '성실'장은 이론과 실천, 궁리와 궁행의 표리관계를 형성하고 있는데, 우선 '궁리'장을 통하여 율곡이 '심·성·정', '리·기', '사단·칠정' 등을 어떻게 바라보고 있는지를 살펴보아야 한다.

율곡의 철학은 주자 성리학에 기초해 있다. 주자의 성리학은 '성즉리(性卽理)'를 주장하며, 인간 본성의 이치를 탐구하는 학문이라 할 수 있다. 즉 성리학은 인간본성과 마음 및 감정의 세계를 철학적으로 조명하는 학문이다. '성'이 인간 심성의 문제라면, '리'는 우주에 보편적으로 존재하는 법칙을 말한다. 즉 인간의 심성의 철학적 근거를 우주자연의 법칙에서 찾아 천인합일을 추구하고 있는 것이 특징이다.

율곡에게 있어 인간이 성인이 될 수 있는 근거는 하늘로부터 부여받은 '본성[性]'에 있다. 이는 사람의 한 마음에 갖추어져 있는 본연의 성으로 성인은 그것을 온전히 보존하고 있지만, 보통의 사람은 기품(氣稟)에 가려 제대로 발휘되지 못한다고 말한다.

---

14) 황금중(2002), 「율곡의 공부론과 『성학집요』」, 『한국교육사학』 24(1), 한국교육사학회, 313. 참조.

> 신이 살피건대 사람의 한 마음에는 만 가지 이치가 전부 갖추어져 있으니, 요・순의 인(仁)과 탕・무의 의(義)와 공・맹의 도(道)는 다 성분(性分)의 고유한 것입니다. 다만 이 기품이 앞에서 구애되고 물욕이 뒤로 함몰시켜 총명한 사람이 혼미하여 지고, 정대(正大)한 사람이 간사하게 되므로, 혼미하여 어리석은 중인(衆人)이 되어 실상 새나 짐승과 다름이 없으나, 본래부터 갖추어져 있는 이는 그대로 공명하고 정대합니다. 다만 엄폐되어 있을 뿐이며 끝내 이는 식멸(息滅)되지 않기 때문에 진실로 혼미한 것을 제거하거나 그 간사한 것을 끊어 버린다면, 밖에서 빌리지 않더라도 요・순・탕・무・공・맹과 같은 성인이 될 수 있습니다.[15]

주자는 인간의 성을 본연지성과 기질지성으로 나누어 말하고 있는데, 율곡은 "본연지성과 기질지성은 둘이 아니며, 기질의 위에 나아가 단순히 그 '리'만을 가리켜 본연지성이라 하고, 리와 기질의 합하여 기질지성이라 한다."[16]고 말한다. 즉 율곡은 리와 기가 서로 분리될 수 없다는 입장을 견지하고 있다. 그리고 기질이 혼미하고 어리석게 되는 이유는 타고난 기품과 물욕 때문이라고 바라보고 있다.

주지하다시피 리기론은 성리학에 있어서도 중요한 개념이다. 『주역』 「계사전」의 "形而上者爲之道 形而下者謂之氣"를 성리학에서는 형이상자를 '리', 형이하자를 '기'로 해석했다. 즉 이 세계는 인간이든 사물이든 형이상하가 하나라고 본다. 형이상자인 리와 형이하자로 이루어진 기로 이루어진 세계가 성리학의 세계 인식이자 존재관이다.[17] 이러한 리기론

---

15) 李珥, 『聖學輯要』 卷二, 窮理章 第四. : "臣按. 人之一心 萬理全具, 堯舜之仁 湯武之義 孔孟之道, 皆性分之所固有也. 惟是氣稟拘於前 物欲汩於後, 明者昏 正者邪, 迷而爲衆人之蚩蚩, 實與禽獸無異 而本具之理, 則其明自如 其正自如. 但爲所掩蔽而終無息滅之理, 誠能去其昏 絶其邪, 則堯舜湯武孔孟之聖 非外假而成." (한글 : 한국학중앙연구원편, 『栗谷學硏究叢書(자료편)』 4, 100.)

16) 李珥, 『聖學輯要』 卷二, 窮理章 第四. : "臣按. 本然之性 氣質之性 非二性也. 就氣質上 單指其理曰本然之性, 合理與氣質而命之曰氣質之性."

은 심・성・정의 문제와 사단칠정 및 심신관계의 문제에 대한 철학적 근거가 되기 때문에 주목해 보아야 하는데, 율곡의 리기설은 '리기지묘(理氣之妙), 리통기국(理通氣局)', 기발이승(氣發理乘)으로 요약할 수 있다. 율곡은 리와 기는 하나이면서 둘로 서로 떠날 수 없는 관계이기 때문에 '리기지묘'이며[18], 리는 형체가 없고 기는 형체가 있기 때문에 '리통기국'이고[19], 리는 무위인데 기는 유위이므로 '기발이승'[20]이라고 말한다.

조선조 성리학은 인간의 심성에 주목하여 사단칠정(四端七情)에 대한 관심으로 옮겨져 많은 담론이 오갔다. 이황은 사단은 순수선(純粹善)으로서 리에 속하고, 칠정은 선악을 겸한 것으로 기에 속한다고 보았다. 그래서 사단은 리가 발한 것으로, 칠정은 기가 발한 것으로 보았다. 이에 반해 율곡은 사단과 칠정 모두 기가 발하고 리가 탄다고 하는 '기발이승일도설(氣發理乘一途說)'을 주장하였다. 율곡의 이 같은 주장은 우주론에 관한 기발이승의 관점을 사단칠정의 심성론에 확장한 것으로 볼 수 있다.

제5 '성실'장은 4장에서 궁리의 이치를 밝힌 후, 궁행(躬行)의 근본으로 '성실'을 강조하기 위함이다. 율곡은 "하늘에는 진실한 이치가 있기 때문에 기화(氣化)가 쉬지 아니하고 유행하며, 사람에게는 진실한 마음이 있기 때문에 공부가 틈이 없이 밝아지고 넓어지는 것이니, 사람에게 진실한

---

17) 황의동(2007), 『율곡 이이-성리학과 실학을 겸비한 실천적 지성』, 경기도 : 살림출판사, 66-67. 참조.

18) 李珥, 『聖學輯要』 卷二. : '窮理章第四'. "有問於臣者曰. 理氣是一物 是二物. 臣答曰. 考諸前訓, 則一而二 二而一者也. 理氣渾然無閒 元不相離 不可指爲二物. 故程子曰. 器亦道 道亦器, 雖不相離 而渾然之中, 實不相雜 不可指爲一物. 故朱子曰. 理自理 氣自氣 不相挾雜. 合二說而玩索, 則理氣之妙, 庶乎見之矣."

19) 李珥, 『聖學輯要』 卷二. : "論其大概, 則理無形而氣有形, 故理通而氣局. 理通者 萬物天地同一理也. 氣局者 天地萬物各一氣也. 所謂理一分殊者 理本一矣. 而由氣之不齊 故隨所寓而各爲一理. 此所以分殊也, 非理本不一也."

20) 李珥, 『聖學輯要』 卷二. : "理無爲而氣有爲, 故氣發而理乘. 陰陽動靜, 而太極乘之. 發者 氣也. 乘其機者 理也."

마음이 없으면 하늘의 이치에 어긋나게 된다."[21]고 말하며, 또 "성의는 수기와 치인의 근본이 되는데, 만약 뜻이 성실하지 않으면 확립되지 못하고, 리가 성실하지 않으면 궁격(窮格)되지 못하며, 기질이 성실하지 않으면 변화할 수가 없다."[22]고 말한다.

제6 '교기질'장은 성실을 통해 학문을 한 후, '편벽된 기질을 고쳐서 본연지성을 회복해야 함'을 말하고 있는 장이다. 여기에서 율곡이 주목하고 있는 대목은 '극기복례(克己復禮)'이다. 율곡은 정자(程子: 정이천)의 "보고 듣고 말하고 행동하는 이 네 가지는 몸의 작용인데, 속에서 나와서 밖으로 응하는 것이니, 밖을 제어하는 것은 중심을 기르는 소이이다."[23]라고 하여, '예가 아니면 보고 듣고 말하고 행동하지 말라'는 주자의 말에 해석을 붙이고 있다. 즉 몸의 작용으로 '예'와 그것이 심성과 관련되어 있음을 분명히 하고 있는 것이다. 또 정자의 "몸을 수양하는 도리에서 마땅히 버려야 할 것은 오직 분노와 욕심이다. 그러므로 그 분노를 눌러 가라앉히고, 그 욕심을 막아버려야 한다는 것이다."[24]라고 하여 분노와 욕심을 경계하고 있는데, 이는 체육에도 그대로 적용할 수 있는 대목이라 보여 진다.

제7 '양기'장은 정기(正氣)를 보양하는 것으로, 앞의 '교기질'에서 객기

21) 李珥, 『聖學輯要』 卷二. : '誠實章第五'. "臣按. 天有實理, 故氣化流行而不息. 人有實心, 故工夫緝熙而無間. 人無實心, 則悖乎天理矣." (한글 : 한국학중앙연구원편, 『栗谷學硏究叢書(자료편)』 4, 133).

22) 李珥, 『聖學輯要』 卷二. : "臣又按. 誠意爲修己治人之根本. … 如志無誠則不立. 理無誠則不格. 氣質無誠則不能變化." (한글 : 한국학중앙연구원편, 『栗谷學硏究叢書(자료편)』 4, 134).

23) 李珥, 『聖學輯要』 卷二, 矯氣質章 第六. : "程子曰. 視聽言動四者, 身之用也. 由乎中而應乎外, 制於外, 所以養其中也." (한글 : 한국학중앙연구원편, 『栗谷學硏究叢書(자료편)』 4, 141).

24) 李珥, 『聖學輯要』 卷二, 矯氣質章 第六. : "程子曰. 修己之道 所當損者 惟忿與慾. 故懲戒其忿怒, 窒塞其意欲也." (한글 : 한국학중앙연구원편, 『栗谷學硏究叢書(자료편)』 4, 143).

를 고쳐 다스리는 것에 대해 말한 뒤에 배정하고 있다. 물론 여기에서 주목하고 있는 것은 맹자가 말한 '호연지기(浩然之氣)'와 공자가 말한 '혈기(血氣)'이다. 율곡은 맹자의 "나는 나의 호연지기를 잘 기른다. 그 기가 지극히 크고 굳세어, 이것을 바른 도리로서 길러 해치지 않으면 천지 사이에 가득차게 된다."[25]는 대목과 공자의 "군자에게는 세 가지 경계가 있는데, 젊었을 때에는 혈기가 바야흐로 굳건하니 싸움을 경계하며, 늙어서는 혈기가 이미 쇠약하여 졌으니, 탐득(貪得)을 경계한다."[26]는 대목을 소개하고, 그에 대한 주자의 해석을 덧붙이고 있다. 결론적으로 율곡은 "인의의 마음은 사람마다 같이 받았으나 자품(資稟)이 트인 것과 가리운 것이 있으며, 진원(眞元)의 기는 사람마다 같이 가지고 있으나 혈기에 허와 실이 있다. 인의의 마음을 잘 기르면 가린 것이 열릴 수 있어서 그 천부의 본심을 온전히 할 수 있게 되고, 진원의 기를 잘 기르면 허가 실이 될 수 있어서 그 하늘로부터 받은 명을 보존할 수 있게 된다. … 천지의 기화는 생생무궁하여 잠깐 동안이라도 정지하지 않는데, 사람의 기는 천지와 서로 상통하므로, 양심과 진기(眞氣)도 천지의 기와 함께 생장한다."[27]고 말한다. 또 "마음을 기르는 것과 기를 기르는 것은 실로 한 가지 일이므로 양심이 날로 생장하면서 상하고 해되는 일이 없어서, 마침내 그 가려진 것을 모조리 다 없애버리게 되면 호연지기가 성대하게 흐르고 통하여,

---

25) 李珥, 『聖學輯要』 卷二, 陽氣章 第七. : "我善養吾浩然之氣, 其爲氣也. 至大至剛以直養而無害, 則塞于天地之閒." (한글: 한국학중앙연구원편, 『栗谷學研究叢書(자료편)』 4, 152).

26) 李珥, 『聖學輯要』 卷二, 陽氣章 第七. : "子曰. 君子有三戒. 少之時 血氣未定 戒之在色, 及其壯也 血氣方剛 戒之在闘, 及其老也 血氣既衰 戒之在得." (한글 : 한국학중앙연구원편, 『栗谷學研究叢書(자료편)』 4, 153).

27) 李珥, 『聖學輯要』 卷二, 陽氣章 第七. : "臣按. 仁義之心 人所同受, 而資稟有開蔽. 眞元之氣 人所同有, 而血氣有虛實. 善養仁義之心, 則蔽可開而全其天矣. 善養眞元之氣, 則虛可實而保其命矣. … 天地氣化 生生不窮 無一息之停, 人之氣 與天地相通, 故良心眞氣, 亦與之俱長." (한글 : 한국학중앙연구원편, 『栗谷學研究叢書(자료편)』 4, 155-156).

장차 천지와 함께 동체가 될 것이다."[28]라고 말한다. 여기에서도 기(氣)를 길러 양심과 진기(원기)를 회복해야 함을 강조하고 있는데, 이 또한 몸의 수양과 관련이 있다.

제8 '정심'장은 함양성찰의 공부로서 경(敬)을 통한 마음공부를 강조하고 있다. 이어 제9 '검기'장을 통하여 몸을 닦는 공부를 말하고 있다. 마음과 몸은 안과 밖의 관계로서 서로 유기적인 관계 속에 있다. 율곡은 『예기』에 나오는 공자의 "군자는 공경하지 않음이 없지만 몸을 공경하는 것이 가장 큰 일이 된다. 몸이라는 것은 어버이의 가지니, 감히 공경하지 않을 수 없다. 그 몸을 공경하지 못하면 이것은 어버이를 상하는 것이요, 그 어버이를 상하면 이것은 근본을 상하는 것이며, 그 근본을 상하면 가지도 따라 망하게 된다."[29] 등의 말을 소개하여 몸을 공경의 대상이자 근본으로 바라보고 있다. 율곡은 "마음은 몸의 주인이 되고 몸은 마음의 그릇이 되는데, 주인이 바르면 그 그릇도 당연히 바르게 된다."[30]고 말하고 또 "그 마음을 바르게 하고서도 그 몸을 잘 다스리지 않을 수 없지만 몸에 대한 단속이 없는 자는 마음이 반드시 바르게 되어 있지 못한다."[31]고 말한다. 이는 마음공부와 몸의 닦음이 서로 유기적인 관련성이 있으며, 마음공부의 완성이 몸에 대한 닦음을 통하여 이루어진다는 점을 강조한 말이다.

---

28) 李珥, 『聖學輯要』 卷二, 陽氣章 第七. : "然則養心養氣 實是一事, 良心日長 而無所戕害, 終至於盡去其蔽, 則浩然之氣 盛大流行, 將與天地同其體矣." (한글 : 한국학중앙연구원편, 『栗谷學硏究叢書(자료편)』 4, 156).

29) 李珥, 『聖學輯要』 卷二, 檢身章 第九. : "子曰. 君子無不敬也. 敬身爲大, 身也者 親之枝也, 敢不敬與. 不能敬其身 是傷其親, 傷其親 是傷其本, 傷其本 枝從而亡." (한글 : 한국학중앙연구원편, 『栗谷學硏究叢書(자료편)』 4, 183).

30) 李珥, 『聖學輯要』 卷二, 檢身章 第九. : "臣按. 心爲身主 身爲心器, 主正則器當正."

31) 李珥, 『聖學輯要』 卷二, 檢身章 第九. : "此所以旣正其心, 又不可不檢其身也. 然彼身無檢束者, 心必不得其正故也."

3. 체육학의 신체단련과 율곡의 심신수양

앞장에서 율곡의 심신관 혹은 심신수양론을 규명하기 위한 전제로서 『격몽요결』과 『성학집요』에서 언급되고 있는 '심신'과 관련된 내용들을 살펴보았다. 두 텍스트의 체계와 원문을 비교적 장황하게 소개한 것은 텍스트 상의 의미를 분명하게 이해하기 위함이다.

체육학의 입장에서 몸과 몸의 활동은 직접적인 대상이며, 몸의 활동이 궁극적으로 지향하는 것은 그 본질로서 이는 체육철학의 영역이라 말할 수 있다. '인간이 몸을 움직이고 또 스포츠를 하는 궁극적인 목적은 어디에 있는가?'하는 물음에 대한 대답은 쉽지 않다. '건강', '행복한 삶' 등의 답을 제시할 수도 있지만 그 또한 모두가 동의하기는 어려운 것 같다. 그러기에 체육철학의 학문적 정체성은 여전히 모호하고, 따라서 체육학계 내에서 지속적으로 문제제기가 있어왔다. 예를 들어 김홍식은 한국체육철학에 대한 연구과제 중의 하나로서 '주제(내용)적 측면에서 인간의 본성과 신체활동의 관계 및 운동기술 습득의 의미와 방법 등에 관한 연구 확대'를 제기하고 있다. 이를 통해 체육 또는 스포츠에 관한 교육적, 과학적 연구 및 실천에서 체육철학의 입지를 공고히 할 수 있다고 주장한다.[32] 이 중 적어도 '인간의 본성과 신체활동의 관계'에 대해서는 율곡의 심신관이 시사하는 바가 많다고 할 수 있다.

그런데 체육학에서 말하는 '신체'와 율곡이 수신의 대상으로 말하고 있는 '신체'를 동일한 '신체'로 해석해도 되는 것일까? 체육에서 신체는 운동과 스포츠를 통한 신체단련과 밀접한 관련성을 맺고 있다면, 율곡에게 있어 몸은 '극기복례'와 '양기' 혹은 '구용' 등으로 표현되는 것에서 볼 수 있

32) 김홍식(2009), 「한국체육철학 연구의 성과 및 과제」, 『한국체육학회지』 48(5), 한국체육학회, 19.

듯이 수양과 밀접한 관련성을 맺고 있다. 진윤수는 『격몽요결』의 '입지장' 가운데 앞에 소개한 주7)의 인용문을 인용하면서[33] "이를 현대 철학에 접목해보면 신체활동을 매개로 하여 개인의 신체적 성장발달과 인지적 발달 그리고 사회적 성격의 육성에 두고 있듯이, 성리학에서(율곡의 신체활동의 목적은) 최고의 인간육성을 성인에 두고 있다. 따라서 (위 인용문은) 율곡이 추구하고 있는 교육목적인 성인의 육성에 부합하고 있음을 알 수 있다."[34]고 해석한다. 그런데 과연 이러한 해석이 가능한 것일까? 분명 인용문에서는 "그것(타고난 용모)은 삶은 저마다 모두 이미 정해진 분수가 있어서 그것을 고치지 못하기 때문이다. 그러나 오직 한 가지 변할 수 있는 것이 있으니, 그것은 마음과 뜻이다."라고 하여 여기서 강조점은 '마음과 뜻[心志]'의 수양에 있는 것이다. 이는 신체활동을 매개로 출발한 것이 아니라, 거꾸로 마음을 매개로 출발한 것이어서 율곡의 입장과는 상반되는 것으로 해석할 수 있다.

율곡은 체육철학자가 아니며, 『격몽요결』과 『성학집요』 또한 체육철학에 관하여 담론한 책이 아니다. 따라서 율곡의 저술 가운데 보이는 '몸, 양기, 혹은 심신불리' 등의 내용에 대하여 '텍스트상의 의미'를 무시하고, 체육학적 입장에서 자의적으로 해석한다면 견강부회나 자가당착에 빠질 수밖에 없다. 동양철학의 내용을 다루는 많은 체육철학계의 논문이 철학계나 체육학계 양쪽에서 비판을 받는 이유가 여기에 있다. 따라서 '체육철학적 관점에서 율곡의 심신관 및 심신수양론이 함의하고 있는 것이 무

33) 참고로 진윤수의 인용문은 다음과 같다. "사람은 타고난 용모를 바꾸어 추한 것을 곱게 바꿀 수 없고, 타고난 힘이 약한 것을 강하게 할 수 없으며, 키가 작은 것을 크게 고치 수가 없다. 이것은 왜 그럴까? 그것은 삶은 저마다 모두 이미 정해진 분수가 있어서 그것을 고치지 못하기 때문이다. 그러나 오직 한 가지 변할 수 있는 것이 있으니, 그것은 마음과 뜻이다. 이 마음과 뜻은 어리석은 것을 변해서 지혜롭게 할 수 있고, 어짊보다 더 귀한 것은 없다."

34) 진윤수(2010), 「율곡의 『격몽요결』과 『학교모범』에 나타난 체육사상」, 『한국체육사학회지』 15(2), 한국체육사학회, 57. ( )는 문맥의 이해를 위해 논자가 삽입한 것임.

엇인가?'하는 점을 도출하기에 앞서 체육학의 신체단련과 율곡의 심신수양의 차별성을 분명히 할 필요가 있다. 그렇다면 체육학과 율곡의 차이는 무엇인가?

첫째, 신체적 행위의 목표가 다르다.

체육학은 '신체(몸)', '몸의 움직임', '스포츠 행위' 등을 대상으로 다루는 학문이다. 그렇다면 이러한 신체행위의 궁극적인 목적은 어디에 있을까? 때론 유희와 쾌락을 추구할 수도 있고, 건강 혹은 돈을 추구할 수도 있으며, 승리를 목표로 할 수도 있다. 특히 근대국가와 현대 자본주의에 있어서는 체육 및 스포츠가 국가이데올로기와 상업주의에 함몰되어 있는 경향을 보이기도 하였다. 이러한 점에서 볼 때 체육의 목표가 이성과 덕성이 완전히 구비된 성인을 목표로 한다고 주장은 현실적으로 볼 때 무리가 따른다. 물론 지와 덕은 체를 바탕으로 하여 갖추어질 수 있고, 지 · 덕 · 체가 조화를 이루어 인격의 완성이 이루어지는 것이지만, 적어도 현대 체육에서 추구하는 것은 몸의 건강과 아름다움 등을 간직한 일상적인 인간의 행복이라고 볼 수 있다.

그런데 『격몽요결』과 『성학집요』에서 율곡이 목표로 제시하고 있는 것은 '성인'이다. 주자 성리학의 형이상학적 체계를 받아들여 자신의 철학을 정립한 율곡은 거경으로 근본을 세우고, 궁리로 선을 밝히고, 역행으로 진실을 실천해야 한다고 강조한다. 율곡이 양기와 리기지묘를 말하고 있지만, 천리를 간직한 본연지성을 회복하여 그것을 온전히 발휘하는 성인을 목표로 하는 데에서 그 의미를 찾을 수 있다. 율곡은 '호연지기'에 대한 맹자의 "그 기(호연지기)는 의(義)와 도(道)에 배합되는 것으로서, 이것이 없으면 도의가 위축되어 버린다."[35]는 말을 인용하여 호연지기의 수양이 '도의'를 기르기 위하는데 있음을 밝히고 있다. 이러한 점은 현대

35) 李珥, 『聖學輯要』 卷二, 陽氣章 第七. : "其爲氣也配義與道, 無是 餒也." (한글 : 한국학중앙연구원편, 『栗谷學硏究叢書(자료편)』 4, 152).

체육의 목표와 차이를 보이는 점이라 할 수 있다.

둘째, 실천의 방법이 다르다.

체육에 있어서 신체는 신체 단련과 관련되고 그것은 운동과 관련성이 짙다. 물론 운동성이란 꼭 동(動)적인 것만이 아니라 정(靜)적인 성격도 동시에 지닌다고 할 수 있다. 그런데 분명한 사실은 체육의 존재근거가 '신체의 움직임'과 관련되어 있다는 사실이다. 만약 단순히 '신체'라 한다면 이는 해부학, 생리학, 병리학 등과 차별성이 사라진다.[36)]

율곡이 강조하고 있는 '수기 · 수신'은 그 방법에 있어서 체육에서 강조하는 신체 단련과는 일정한 거리가 있다. 율곡이 '구용'이나 '극기복례' 등을 통하여 수양의 대상으로 삼고 있는 몸은 그 행동거지와 관련된 것으로, 체육에서 말하는 신체단련과는 거리가 있다. 율곡에 있어서 성인이 되는 방법은 지와 덕이 중심이 되어 있고, 신체의 행위는 덕스러움이 밖으로 드러난 행위이다. '예'는 성인다운 덕스러움이 밖으로 표출된 것이며, 또한 '예'를 통하여 덕스러움을 수련하는 것이다. 이는 체육에서 신체행위를 통한 단련에 중심에 두고 건강한 육체를 완성하여 지 · 덕 · 체의 조화를 꾀하려는 것과는 차이가 있는 것이다. 구용에서 제시하고 있는 '발은 무겁게 하고, 손은 공손하게 하며, 눈은 단정히 하라' 등의 내용이나, 앞서 인용한 정자(程子)의 '보고 듣고 말하고 행동하는 이 네 가지는 몸의 작용인데, 속에서 나와서 밖으로 응하는 것이니, 밖을 제어하는 것은 중심을 기르는 소이이다.'는 의미를 자세히 살펴보면 율곡의 수양의 중심은 경(敬)과 성(誠) 그리고 신독(愼獨) 등의 내면을 강조하고 것이고 신체는 그것을 담는 그릇으로서의 역할이 강조되고 있음을 볼 수 있다.

---

36) 김정효(2009), 「체육원리와 체육철학의 학문적 정체성에 대한 탐구」, 『움직임의 철학: 한국체육철학회지』 17(3), 한국체육철학회, 71.

4. 율곡 심신수양론의 체육철학적 함의

현대 스포츠가 추구하는 것은 인격의 형성 나아가 심미적 초월에 있는 것이 아니라, 경쟁에서 승리하고 기록을 갱신하는 데에 주안점이 있다. 따라서 스포츠 행위에서 선수들이 몸을 움직이는 것은 신체적 건강과 정신적 건강을 통하여 자신의 궁극적 자유로움에 이르게 하기 보다는 물신화의 토대 속에서 하나의 상품으로 전락하게 만든다. 또한 현대인들은 건강과 아름다운 몸 가꾸기에 치중하여 외형적인 몸에 집착하여 자신의 정신은 오히려 황폐화되는 것을 목격할 수 있다.

바로 이러한 점 때문에 몸과 몸의 움직임으로서 체육의 행위가 무엇을 지향해야 하는가 하는 본질적인 물음이 나타나게 된다. 이학준은 서양철학을 중심으로 몸의 지위에 대한 역사적 고찰을 통하여 "몸의 상실은 몸의 학대를 의미한다. 상실에서 회복하고 나아가 지위를 확보하는 길은 몸이 객관적 대상으로서 몸이 아니라 인식주체, 주체성의 향유, 그리고 도덕주체와 심미추체로서의 몸을 확보하는 것이다. 이러한 몸의 지위 확보는 스포츠를 통해서 가능할 뿐만 아니라 진정한 스포츠의 길이며 기존의 운동하는 몸에 대한 기계적이고 이분법적인, 그리고 수동적인 대상으로서 몸에서 해방되는 길이다."[37]라고 말하고 있다.

이러한 논의는 현대 스포츠와 체육의 방향에 대한 근본적인 반성 속에서 인간의 몸의 지위와 신체적 활동의 지향성을 되묻는 체육철학계의 담론의 일면이다. 그런데 이학준이 제시하고 있는 '인식주체, 주체성 향유, 도덕주체, 심미주체' 등의 미래 스포츠 혹은 체육의 지행점이 이미 율곡의 심신관과 철학 속에 내재되어 있다는 점은 흥미로운 일이다. 전통적인 우리 철학이 과거의 유산이 아닌 미래의 대안이 되고 있음을 볼 수 있는

37) 이학준(2003), 「몸의 지위」, 『움직임의 철학: 한국체육철학회지』 11(1), 한국체육철학회, 134.

것이다. 바로 현재의 체육과 스포츠의 경쟁, 기록, 물신화, 상업화 등이 가진 문제점을 반성하고, 보다 전인적인 인간의 모습을 회복하기 위한 노력의 일환으로 율곡의 심신관과 철학 속에 함유한 체육철학의 의미를 규명해야 하는 것이다.

율곡의 심신 수양론이 주는 체육철학의 함의는 다양하게 논의할 수 있지만, 여기에서는 앞서 살펴본 논의를 중심으로 하여 세 가지로 요약해 보고자 한다.

첫째, 몸을 공경의 대상으로 삼는다는 점이다. 율곡은 공자의 "군자는 공경하지 않음이 없지만 몸을 공경하는 것이 가장 큰 일이 된다."는 대목을 인용하여 몸을 공경의 대상으로 삼고 있음을 분명히 하고 있다. 이는 정신과 신체를 둘로 나누는 플라톤의 신체관과는 크게 대조를 이루고 있는 대목이다. '경(敬)'공부는 주자와 율곡의 수양론에 있어서 가장 핵심적인 내용이다. 하늘로부터 부여받은 성(性)을 올곧게 간직하여, 인간의 심성 속에 내면화함으로서 천인합일의 완전한 인격체인 성인을 완성할 수 있는 요체가 바로 다름 아닌 '경'이다. 그런데 '경신(敬身)'이란 바로 신체를 '경'의 대상으로 삼고 있다는 말로서 몸에 대한 최고의 찬사가 아닐 수 없다. "마음은 몸의 주인이 되고 몸은 마음의 그릇이 되는데, 주인이 바르면 그 그릇도 당연히 바르게 된다."[38]는 설명에서 볼 수 있듯이, 율곡에게서 몸은 정신의 부산물이 아니라 마음과 똑같이 하늘이 부여한 존귀함을 지니고 있는 존재로 인식하고 있음을 알 수 있다.

둘째, 몸과 마음의 상관성과 심신의 동시 수양을 통해 인간의 완성을 꾀하고자 하는 점이다. 율곡은 『성학집요』의 '검신'장을 통하여 "정심은 내면을 다스리는 일이다. 검신은 외면을 다스리는 일로서 실상 이것은 동시에 일어나는 일이지, 오늘은 정심하고 내일은 검신을 하는 것이 아니

---

38) 李珥, 『聖學輯要』 卷二. : '檢身章第九'. "臣按. 心爲身主 身爲心器, 主正則器當正."

다."[39]라고 말하고 있다. 또 "외모가 장엄하지 못하면 마음도 헤이하게 되어 방탕으로 흘러 들어가지 않을 것을 보장하지 못한다. 이것이 이미 그 마음을 바르게 하고서도 또 그 몸을 잘 다스리지 않을 수 없는 까닭이다. 그러나 몸이 검속될 수 없는 것은 마음이 반드시 바르게 되지 않았기 때문이다. 진실로 마음을 바르게 하였다면 무슨 일이나 바름을 구하지 않을 수 없는 것이니 어찌 자기의 몸이 부정한 것에 안심할 수 있겠는가? 그렇다면 몸을 닦지 않음도 역시 마음의 부정 때문이다."[40]라고 말하고 있다. 이러한 내용은 앞서 언급한 바와 같이 성인이 되기 수양공부로서 몸과 마음의 수양을 병진해야 함을 말하고 있는 것이다. 그런데 체육의 입장에서 보더라도 몸의 수련이 마음과의 상관성 속에서 인격완성을 지향해야 한다는 점에서 시사하는 바가 크다고 생각한다.

끝으로 율곡의 철학사상 중 '리기지묘'의 원리가 체육철학적으로 지난 함의이다. 흔히 퇴계는 리를 강조한 주리파이고 율곡은 기를 강조한 주기파이다고 알려져 있지만, 율곡은 리와 기의 조화를 강조한 철학자이다. '리기지묘'란 리와 기가 오묘하게 합해져 있다는 의미로 '리기묘합'과 같은 의미이다. 황의동은 율곡이 강조한 '리기지묘'의 특징에 대하여 다음과 같이 말한다.

> 율곡은 이 세상의 만사만물은 모두 리와 기가 오묘하게 합해져 있다고 보았다. 형이상자와 형이하자가 하나의 존재양태라는 말이다. 특히 율곡은 리와 기가 어느 시간적 계기로 합해진 것이 아니라, 본래 합한 상태라는 점을 강조했다. 그러므로 리와 기는 시간의 선후가 없고 공간

39) 李珥, 『聖學輯要』 卷二. : "臣按. 正心 所以治內. 檢身 所以治外. 實是一時事 非今日正心."

40) 李珥, 『聖學輯要』 卷二. : "況外貌不莊, 中心亦懈, 未可保其不 流於放蕩也哉. 此所以旣正其心, 又不可不檢其身也. 然彼身無檢束者, 心必不得其正故也. 苟能正心則事事無不求正矣. 豈有以己身安於不正之理乎. 然則身之不修, 乃心不正之故也."

> 의 간극도 없다는 것이다. 리는 형이상자이고 기는 형이하자로 서로 다른 둘이지만, 하나의 양상으로 존재한다. 바꾸어 말하면 하나의 존재양상으로 있지만 그 속에서 리는 리고 기는 기로 구별해 보지 않으면 안 된다. 이러한 논리를 그는 '하나이면서 둘이요 둘이면서 하나(一而二 二而一)'이라고 불렀다. 존재자체로 보면 리와 기는 구별할 수 없는 하나이지만, 그것을 개념이나 가치로 나누어 보면 리와 기는 엄연히 구별된다는 것이다. 율곡은 이러한 존재의 오묘한 비밀을 통찰한 것이다.[41]

이러한 리기지묘의 관점은 몸과 마음에 대한 인식에 대한 율곡의 철학적 토대로서 그 시사하는 바가 크다. 이에 대하여는 이미 문미희·황시호의 「율곡의 리기지묘적 관점에 근거한 몸 인식과 교육적 함의」에서 밝힌 바 있다. 여기에서는 '율곡의 리기에 대한 관점은 마음과 몸에도 동일하게 적용되어 인간의 몸을 리와 기가 조화된 소우주로 인식했다는 점'과 '율곡은 리기지묘의 관점을 통해 지각의 기초로서 몸에 대한 인식의 장을 열었다는 점' 그리고 '율곡은 리기지묘의 관점을 통해 몸이 마음을 담는 집이라고 인식했다는 점'을 논증하고 있다.[42] 이러한 논의를 통하여 알 수 있듯이 율곡의 '리기지묘'의 논리는 리와 기를 중심으로 인간의 몸과 마음에 대한 철학적 담론을 가능하게 함으로써 체육철학의 학문적 지평을 심화 확대할 수 있는 중요한 기제라 생각한다.

5. 결론

이상으로 율곡의 심신관과 심신수양론 및 그것이 지닌 체육철학적 함

41) 황의동(2007), 『율곡 이이-성리학과 실학을 겸비한 실천적 지성』, 경기도 : 살림출판사, 71.

42) 문미희·황시호(2015), 「율곡의 리기지묘적 관점에 근거한 몸 인식과 교육적 함의」, 『한국교육사학』 37(1), 한국교육사학회, 115-120.

의에 대하여 고찰해 보았다. 율곡에 관한 많은 연구물이 있지만 체육철학의 분야에 있어서 율곡에 대한 연구는 몇 몇 연구자를 중심으로 이루어져 왔다. 그러나 기존의 연구물들은 주로 율곡의 원전이 아닌 기존의 연구물에 의존하고 있으며, 또한 텍스트 상의 의미를 분명히 하지 않고 심신에 대한 용어를 중심으로 하여 체육학적 관점에서 무비판적으로 해석하고 있는 한계를 노정시키고 있다고 생각한다.

본고에서는 이러한 한계를 극복하기 위하여 우선 율곡의 저술 가운데 『격몽요결』과 『성학집요』에 나오는 심신 및 심신수양과 관련된 내용을 분석하여 율곡에게 있어서 심신의 문제가 주로 수기치인 가운데 수기에 해당되며, 이는 성인이 되고자 하는 공부론으로서 의미를 지니고 있음을 분명히 하였다.

다음으로 율곡의 심신 수양론과 체육학에 있어서 신체단련 사이에는 일정한 차이가 있음을 분명히 하였다. 즉 신체적 행위의 목적과 실천의 방법에 있어서 차이점이 있음을 규명하였다. 이는 율곡이 구용과 극기복례 혹은 호연지기 등 외형적으로 신체의 문제를 다루고 있지만, 이를 체육학적 관점에서 무비판적으로 해석하는 것에 대한 문제의식을 반영한 것이다.

끝으로 몸과 몸의 움직임의 철학적 접근을 시도하는 체육철학에 있어서 율곡의 신체관과 수신이 지니는 함의가 무엇인지를 규명하였다. 그것은 몸에 대한 공경과 몸과 마음의 상관성과 심신의 동시 수양을 통해 인간의 완성을 꾀하고자 하는 점, 그리고 리기지묘의 율곡의 사상이 근 현대 체육이 가지고 있는 문제점을 극복할 수 있는 하나의 대안이 된다는 점이다. 물론 이외에도 '치중화(致中和)'와 '호연기지' 및 '리통기국' 등의 철학이 구체적인 체육활동에 지니는 의미를 규명할 수 있지만 본고에서는 생략하였다.

현대 체육에 있어서 왜 우리가 심신관 및 수양론에 주목해야 하는가

하는 문제는 철학함의 주체로서 우리의 관점을 분명히 하고자 하는 것이다. 현대인들은 웰빙을 표방하며, 육체적 건강과 정신적 자유로움을 추구한다. 하지만 진정한 웰빙이 되기 위해서는 단순히 육체적 활동과 정신적 안정만이 아닌 궁극적으로 인간이 완전히 자유로울 수 있는 경지를 지향해야 한다. 율곡의 심신수양론은 그 철학적 기초가 성리학의 리기지묘에 있으며, 몸의 활동 목표 또한 나와 우주가 합일되어 대자유함을 누리는 데에까지 나아가고 있다. 이러한 점은 '현대체육의 목적을 궁극적으로 어디다 둘 것인가'하는 중요한 철학적 담론이라 할 수 있는 것이다.

인간은 태어나서 죽는 순간까지 몸을 움직이고 단련하며 살아간다. 똑같은 체육적 행위를 함에 있어서도 단지 육체적인 아름다움과 건강이 최대의 목표인 자도 있고, 율곡과 같이 지·덕·체가 조화된 성인을 목표로 하는 경우도 있다. 몸과 마음을 움직이고 단련하는 의미에 대하여 다시 한 번 되돌아보라고 율곡은 우리에게 지금도 말하고 있는지도 모른다.

참고문헌

류승국 외(2006), 『율곡 이이 사상과 철학의 이해 1』, 강원도 : 사단법인 율곡학회.

미우라 구니오저 저, 이승연(2003), 『주자와 기 그리고 몸』, 서울 : 예문서원.

손인수 외(2006), 『율곡 이이 사상과 철학의 이해 2』, 강원도 : 사단법인 율곡학회.

오하마 아키라 저, 이형성 역(1997), 『범주로 보는 주자학』, 서울 : 예문서원.

정응근・송형석(2002), 『스포츠와 인간』, 서울 : 이문출판사.
한국학중앙연구원편(2007), 『栗谷學硏究叢書(논문편)』 1-10, 강원도 : 사단법인 율곡학회.
한국학중앙연구원편(2007), 『栗谷學硏究叢書(자료편)』 1-10, 강원도 : 사단법인 율곡학회.
胡小明 저, 민영숙 역(1992), 『체육미학』, 서울 : 동문선.
황의동(2007), 『율곡 이이-성리학과 실학을 겸비한 실천적 지성』, 경기도 : 살림출판사.
Paul Weiss 저, 이진수 역(1992), 『스포츠의 철학적 모색』, 서울 : 교학연구사.

고경석・오현택・김영구(2010), 「체육사상연구에 대한 비판적 고찰」, 『움직임의 철학: 한국체육철학회지』 18(1), 한국체육철학회.
권욱동(2011), 「체험주의적 입장에서의 신체화된 경험과 스포츠」, 『움직임의 철학: 한국체육철학회지』 19(2), 한국체육철학회.
김미경・박영효(2014), 「성리학을 기반으로 한 이황과 이이의 체육철학」, 『한국사회체육학회지』 57, 한국사회체육학회.
김정효(2009), 「체육원리와 체육철학의 학문적 정체성에 대한 탐구」, 『움직임의 철학: 한국체육철학회지』 17(3), 한국체육철학회.
김홍식(2009), 「한국체육철학 연구의 성과 및 과제」, 『한국체육학회지』 48(5), 한국체육학회.
노양진(2004), 「몸의 철학적 담론-몸과 마음의 이원론을 넘어서」, 『철학연구』 27, 고려대 철학연구소.
문미희・황시호(2015), 「율곡의 리기지묘적 관점에 근거한 몸 인식과 교육적 함의」, 『한국교육사학』 37(1), 한국교육사학회.
박용태(1997), 「이황의 신체관 및 건강론에 관한 연구」, 『한국체육과학회지』 6(2), 한국체육과학회.
박정심(2013), 「근대적 몸[신체]의 발견 : 修身에서 體育으로」, 『한국철학논집』 36, 한국철학사연구회.

엄정식(2000), 「조선 성리학의 신체관」, 『한국체육과학회지』 9(2), 한국체육과학회.

유지웅(2010), 「이황과 이이 성리학의 차이 극복을 위한 고찰(1)」, 『동서철학연구』 57, 한국동서철학회.

이달우(1991), 「율곡의 체육이론에 관한 연구」, 건국대 박사학위논문.

이진수(1990), 「조선양생사상에 관한 고찰 4」, 『체육과학』 10, 한양대.

이진수(1991), 「퇴계철학의 양생사상에 관한 연구」, 『체육과학』 10, 한양대.

이학준(2003), 「몸의 지위」, 『움직임의 철학: 한국체육철학회지』 11(1), 한국체육철학회.

임능빈(1982), 「율곡의 정신위생론에 관한 연구」, 『사화과학논총』 11, 부산대.

정도원(2010), 「전통적 학 개념과 퇴·율 성학의 이학-심학 연관구조」, 『한국사상사학』 36, 한국사상사학회.

진윤수(2010), 「율곡의 『격몽요결』과 『학교모범』에 나타난 체육사상」, 『한국체육사학회지』 15(2), 한국체육사학회.

진윤수(1992), 「율곡의 신체관에 관한 연구」, 『체육과학연구지』 10(1), 충남대 체육과학연구소, 1992.

진윤수(1990), 「율곡의 체육사상」, 『체육과학연구지』 9(1), 충남대 체육과학연구소.

진윤수(1995), 「율곡철학의 양생사상에 관한 연구」, 『한국체육학회지』 34(3), 한국체육학회.

진윤수(1994), 「율곡철학의 체육사상에 관한 연구」, 한양대 박사학위논문.

차건수·김정완(2000), 「퇴계 철학사상과 활인심방에 나타난 건강의 의미」, 『한국체육학회지』 39(4), 한국체육학회.

황금중(2002), 「율곡의 공부론과 『성학집요』」, 『한국교육사학』 24(1), 한국교육사학회.

체육철학의 입장에서 본 이제마의 사상의학적 심신관*

1. 머리말

'사상의학(四象醫學)'은 조선말기 함흥 출신의 동무(東武) 이제마(李濟馬, 1837~1900)에 의하여 창안된 의학이다. 이는 사람의 체질과 장부의 허실에 따른 병리를 설명한 학설이다. 즉 이제마는 사람을 태양인(太陽人)·소양인(少陽人)·태음인(太陰人)·소음인(少陰人)의 네 가지 유형[四象]으로 나누고, 각 유형에 따라 병의 원인이 다르고 그에 대한 처방도 달리해야 한다고 주장하였다. 이는 한의학의 한 분야로 알려져 있지만 인간을 신체의 특징에 따라 네 가지 유형으로 분류하고 있으며, 각 유형에 따라 심성의 성격이 차이가 나타난다고 주장함으로써 체육철학적 담론을 가능하게 하고 있다.

인간은 몸과 마음으로 이루어져 있다. 몸과 마음의 관계에 대한 동서철학의 주된 담론은 한동안 '마음' 위주의 논의가 주류를 이루어왔다. 그러나 서양철학에 있어 니체(F. Nietzsche)와 메르로 퐁띠(M. Merleaue-

---

※ 본 논문은 한국체육철학회에서 2012년에 발간한 『움직임의 철학: 한국체육철학회지』 20권 2호 51-68쪽에 실린 논문이다.

Ponty) 그리고 듀이(J. Dewey) 철학의 중심주제는 '몸의 중심성'에 있다. 그리고 최근 미국을 중심으로 형성되어 가고 있는 '체험주의(experientia-lism)'[1]는 인지과학의 경험적 증거들을 적극 수용하여 우리의 전반적 사고와 행위에 있어서 몸의 중심적 역할을 중요한 철학적 주제로 부활시키고 있다(노양진, 2004). 레이코프(G. Lakoff)와 존슨(M. Johnson)은 인지적 무의식, 마음의 신체화, 은유적 사고를 한데 묶어서 인간의 본성을 이해하는 새로운 방식을 요구하기에 이르렀다(레이코프·존슨 저, 임진룡 외역, 2002). 이러한 현대철학의 성과를 통하여 볼 때 이제마의 사상의학이야말로 '몸의 중심성'을 기반으로 인간을 이해한 대표적인 사유라 할 수 있다.

이제마의 사상의학과 그의 철학을 밝히고 있는 대표적인 저술은 『동의수세보원(東醫壽世保元)과 『격치고(格致藁)』라 할 수 있다. 본고에서는 이를 중심으로 하여 이제마의 사상체질에 대한 특징과 더불어 체육철학적 관점에서 그의 심신관에 대하여 살펴보고자 하는 것이 목적이다. 즉 이제마가 정의한 몸과 마음에 대한 철학적 담론이 어디에 근거하고 있는가하는 점과 이를 통하여 사상의학적 심신관이 간직한 체육철학적 함의를 도출하여 보고 현대 체육학과 체육교육 및 체육활동에 구체적으로 활용될 수 있는 방안이 무엇인지를 밝혀보고자 하는 것이다.

체육철학과 타 학문과의 관계에 있어서 동양철학의 경우 도교가 가장 밀접하게 관련되어 있다고 할 수 있다. 그런데 도교의 경우는 양생사상을 중심으로 하여 비교적 다양한 주제의 체육철학 연구가 이루어져 연구 성과가 축척되어 있다. 그런데 한의학과 관련한 연구는 드문 편이며, 특히 이제마

---

1) 체험주의에 대하여 국내에 소개한 책은 레이코프(G. Lakoft)와 존슨(M. Johnson)의 저술인 『몸의 철학-신체화 된 마음의 서구사상에 대한 도전』이 대표적이다. 몸과 마음의 관계에 있어서 몸의 중심성을 강조하고 있는 이 책은 체육철학의 현대적 담론을 함축하고 있는 저서이다. 논문으로 노양진의 「몸의 철학적 담론 - 몸과 마음의 이원론을 넘어서」 등이 있다.

의 사상의학과 관련된 연구는 거의 없는 편이다. 본고는 이제마의 사상의학을 통하여 체육학과 한의학 간의 학제적 연구를 시도하고 있는 것이다.

2. 사상설 형성의 철학적 근거

이제마의 사상의학은 기존의 한의학과는 다른 철학적 근거 위에 성립되었다. 기존의 한의학의 이론은 '음양오행설(陰陽五行說)'에 근거하고 있는데, 이는 『황제내경(黃帝內經)』에 의하여 체계화된 것이다. 이러한 음양오행설이 한의학을 상징하는 개념이 된 이면에는 한의학이야말로 음양오행설을 기초로 형성된 합리적인 지식체계라는 믿음이 깔려 있다(최대우, 2011). 그런데 이제마의 『동의수세보원』과 『격치고』에는 인간의 존재구조를 천(天)·인(人)·성(性)·명(命)의 사원(四元)으로 구조화하고 있어서 음양오행론과는 다른 해석을 보이고 있다.

그러다면 이제마의 이러한 학설은 어디에서 연유한 것일까? 이에 대하여 학계에서는 다양한 이론이 전개되고 있다. 사상의학의 형성배경에 대하여 이능화(李能和)는 운암(芸菴) 한석지(韓錫地)와 『주역(周易)』에서 그 학문적 연원을 찾았으며, 이을호(李乙浩)를 비롯한 많은 학자들은 유학사상의 경학적 배경에서 찾아야 한다고 하였다(박성식, 2011). 심지어 박성식은 만물이 지·수·화·풍으로 구성되었다는 불교의 사대설(四大說)이 이제마에게 영향을 미쳤다고 주장하기도 한다. 이렇게 다양한 주장을 펴는 이유는 이제마의 학설이 그만큼 독창적이기 때문일 것이다. 그의 사상이 독창적이라 해도 그의 대표적인 저서인 『동의수세보원』과 『격치고』의 구성과 내용을 살펴보면 유학적 관점에서 의학이론을 구성하였음을 한 눈에 알 수 있다.

우선 『동의수세보원』은 1894년 이제마가 저술한 의서로서 총 4권 2책이며 목활자본으로 되어 있다. 총 7편으로 내용으로 구성되어 있는데, 구체적으로 성명론(性命論)·사단론(四端論)·확충론(擴充論)·장부론(臟腑論)·의원론(醫源論)·광제론(廣濟論)·사상인변증론(四象人辨證論) 등이 그것이다. 여기에서 성명론과 사단론 그리고 확충론과 장부론은 사상의학의 원리론에 해당한다. 확충은 성명과 사단의 확충을 가리키므로 장부론은 곧 유학의 도덕이론을 확충시켰음을 의미한다. 이러한 전개 순서는 의학 이론의 근거가 도덕적으로서 유학에 있음을 보여주고 있다. 또한 의학이론의 철학적 근거를 성명(性命), 리기(理氣), 성정(性情) 등의 개염을 상용하여 서술하고 있어서 주자학의 개념을 차용하고 있음을 볼 수 있다(최대우, 2011).

다음으로『격치고(格致藁)』는 현재 두 가지 판본이 존재하고 있다. 하나는 1940년 이제마의 수제자인 한두정(韓斗正)이 편집 발행을 맡고 함흥의 덕홍인쇄소에서 인쇄한 판본이며, 다른 하나는 1930년 강제모(姜濟模)가 필사한 필사본이다. 전체 '3권과 부록'으로 구성되어 있다. 1권에 해당하는 '유략(儒略)'은 전통적인 유학사상을 이제마의 사상(四象: 事·物·心·身)적 인식론에 바탕하여 재구성한 것인데, 제목의 의미는 유학사상을 요약해서 기술했다는 뜻이다. 책 2권에 해당하는 '반성잠(反省箴)'은 진실에 돌이키라는 경계의 말로 번역할 수 있으며, 1892년에서 1893년 사이에 쓴 작품이다. 여기에서는 '독행'에 대한 정의와 더불어 인간의 진실된 측면인 인·의·예·지(仁義禮智)에 대한 구체적인 설명과 이에 대비되는 비·박·탐·라(鄙薄貪懦)에 대한 설명으로 이루어져 있다, 마지막으로 부록에서는 '제중신편(濟衆新編)'과 '유고초(遺稿抄)'가 실려 있다.(이제마, 박대식 역주, 2000)

'格致藁'의 '格致'란『대학(大學)』의 팔조목 가운데 '격물치지(格物致知)'에 대한 줄임말이다.『대학』에는 이 장에 대한 해석이 빠져 있어서 이에 대한 해석을 둘러싸고 주자와 왕양명 사이에 크게 논쟁이 일어난 바 있다. 그런데 이제마의 『격치고』에서 '격치'에 대한 해석에는 주자와 양명 말고도 운암 한석지의 영향이 들어 있다. 한석지는 그의 저술인 『명선록(明善錄)』에서 '격(格)은 바로잡음(正)이다. 격치란 도와 덕에 통달하는 것으로 이미 공자가 밝힌 바와 같이 널리 배우고, 세밀하게 묻고, 신중하게 생각하고, 분명하게 분별하며, 돈독히 행동하는 이 다섯을 그만두지 않는 것'이라고 해석하고 있다. 이제마는 바로 이러한 한석지의 입장을 따르고 있는데, 이는 주자와 양명의 학설을 한편 수용하면서도 독자적인 해석을 하고 있는 것으로 평가하고 있다(이제마, 박대식 역주, 2000)

이와 같이 두 저서에서 나타난 이제마의 사상은 유학사상의 영향 속에서 출현한 것임을 알 수 있다. 그러나 당시 주자의 주석에 의존하는 주자학적 전통을 벗어나 특히 『중용(中庸)』과 『맹자(孟子)』 등 사서(四書)를 그 자체로 중시하였는데, 이러한 흐름은 다산(茶山) 정약용(丁若鏞)과 혜강(惠岡) 최한기(崔漢綺) 등의 실학적 혹은 기철학적인 유학연구의 흐름을 반영하고 있는 것으로 평가할 수 있다.

3. 사상의학적 심신관

체육철학의 영역에 있어서 심신관은 중요한 문제이다. 예로부터 인간을 구성하고 있는 중요한 두 요소는 몸과 마음 혹은 육체와 정신으로 분류해왔다. 이들의 관계에 대하여 이원론적 관점과 일원론적 관점이 대립되어 왔으며, 일원론적 관점에 있어서도 중심적 요소를 몸으로 볼 것인가 하는 문제로 대립되어 왔다. 이 가운데 체육철학의 대체적인 입장은 '몸의 중심성'을 통하여 몸과 마음이 일원론적으로 되어 있다는 주장에 동조해오고 있다.

이제마는 인간을 우주자연과 인간사회의 유기체적 관계 속에서 존재하는 대상으로 이해한다. 『동의수세보원』의 첫 문장인 "천기(天機)에는 네 가지가 있으니 첫째는 지방(地方)이요, 둘째는 인륜(人倫)이며, 셋째는 세회(世會)요, 넷째는 천시(天時)이다. 인사(人事)에는 네 가지가 있으니 첫째는 거처(居處)요, 둘째는 당여(黨與)이며, 셋째는 교우(交遇)요, 넷째는 사무(事務)이다."[2]라는 말은 이러한 사실을 보여준다.

여기에서 '천기'는 인간이 존재하는 시간과 공간적 구조를 의미하고, '인사'는 이러한 천기의 구조 속에서 존재하는 인간의 존재방식을 의미한다. 이처럼 인간을 개별자가 아닌 사상 구조 안의 존재로 설명하는 것은 인간과 인간을 둘러싸고 있는 세계를 동시에 인정하고 분리시켜 이해하지 않으려는 것이다.(최대우, 2007) 인간을 유기체적 관계에서 파악하고 있는 점은 유학적 전통을 따르고 있는 것이나, 천리(天理)나 상제(上帝)의 개념을 끌어들이지 않고 구체적인 도덕을 실현하는 주체로서 몸의 기능에 새롭게 주목하고 있는 것은 이제마의 독창성으로 볼 수 있다.

그렇다면 이제마는 인간의 몸과 마음의 관계를 어떻게 이해하고 있을까? 우선 이제마는 인간을 폐비간신(肺脾肝腎)의 대소와 마음에 있는 욕심의 기준에 따라 사상체질로 분류한다. 그리고 몸과 마음의 관계를 대대(待對)와 주재(主宰)의 관계에서 파악한다. 이제마가 제시하고 있는 네 가지의 체질에 대하여 살펴보자.

> 사람이 타고난 장부의 이치에 다른 것이 네 가지 있다. 허파가 크고 간이 작은 사람을 태양인이라 하고, 간이 크고 허파가 작은 사람을 태음인이라 하며, 비장이 크고 콩팥이 작은 사람을 소양인이라 하고, 콩팥이 크고 비장이 작은 사람을 소음인이라 한다.
>
> 사람이 거슬러 달아나는 마음의 욕심에는 다른 것이 네 가지 있다. 예

---

2) 李濟馬, 『東醫壽世保元』, 제1장 性命論. : "天機有四 一曰地方 二曰人倫 三曰世會 四曰天時. 人事有四 一曰居處 二曰黨與 三曰交遇 四曰事務."

> 의를 버리고 방종하게 구는 사람은 비루한 사람이요, 의리를 버리고 안일을 꾀하는 사람은 나약한 사람이며, 지혜를 버리고 남을 속이는 사람은 가벼운 사람이고, 인(仁)을 버리고 지극한 욕심을 부리는 사람은 탐하는 사람이다.[3]

이처럼 이제마가 사상체질을 분류하는 기준은 몸에 있으며, 인의예지의 덕행 또한 폐비간신의 기능이 발휘될 때 생겨난다고 보는 것이다. 그리고 폐비간신이 제대로 기능을 하지 못할 때 비루하고 나약하며 가볍고 탐하는 욕심이 생겨나게 된다고 보는 것이다.

이제마는 모든 사람이 사상체질 가운데 어느 하나를 가지고 태어나는 것은 그 사람이 희노애락(喜怒哀樂)의 성품 가운데 어느 성품을 받아 지니고 태어났는가에 따라 결정된다고 보았다. 즉 각자가 타고난 성정(性情)은 이미 하늘로부터 받은 것이기 때문에 어쩔 수 없는 것이며, 사상인의 성정작용은 폐비간신의 대소와 유기적으로 관련되어 있다고 주장하고 있다.(김만산, 2000) 『동의수세보원』의 '사단론'에서 "태양인은 성냄이 불끈 일어나고 슬픔이 깊으니 경계해야만 하고, 소양인은 슬픔이 불끈 일어나고 성냄이 깊으니 경계해야만 하며, 태음인은 함부로 즐기고 기쁨에 빠지니 경계해야만 하고, 소음인은 함부로 기뻐하고 즐김이 깊으니 경계해야만 한다."[4]라고 말한다. 그리고 '확충론'에서는 각 체질에 따라 몸의 기관과의 관련성을 상세히 논하고 있다. 예를 들어 태음인의 경우는 다음과 같이 밝히고 있다.

---

3) 李濟馬, 『東醫壽世保元』, 第2章 四端論. : "人稟臟理 有四不同. 肺大而肝小者 名曰太陽人. 肝大而肺小者 名曰太陰人. 脾大而腎小者 名曰少陽人. 腎大而脾小者 名曰少陰人. 人趍心慾 有四不同. 棄禮而放縱者 名曰鄙人. 棄義而偸逸者 名曰懦人. 棄智而飾私者 名曰薄人. 棄仁而極慾者 名曰貪人."

4) 李濟馬, 『東醫壽世保元』, 第2章 四端論. : "太陽人 有暴怒深哀 不可不戒. 少陽人 有暴哀深怒 不可不戒. 太陰人 有浪樂深喜 不可不戒. 少陰人 有浪喜深樂 不可不戒."

> 태음인은 기뻐하는 심성이 넓게 베풀어지지만, 즐기는 감정은 급박하게 되는 것이다. 기뻐하는 심성이 넓게 베풀어지는 것은 태음인이 코로서 인륜을 살필 때 다른 사람들을 도와주는 것을 기쁘게 여기는 것이니, 기뻐하는 심성은 다른 것이 아니라 그 냄새를 맡는 것이다. 즐기는 감정이 급박하게 되는 것은 태음인의 콩팥이 거처하는 곳을 다스릴 때, 다른 사람이 자기를 보존해 주는 것을 즐기는 것이니, 즐기는 감정은 다른 것이 아니라 서로 즐기는 것이다.[5)]

『격치고』의 '유략(儒略)'의 첫머리에서 이제마는 "사물(物)은 몸(身)에 깃들고 몸은 마음(心)에 깃들며 마음은 일(事)에 깃든다."[6)]고 말한다. 사물은 우주에 존재하는 모든 대상이며, 몸과 마음은 인간을 구성하는 조건이며, 일이란 인간이 행위하는 대상이다. 이어 "마음은 일에 대해 반응하는 것으로 널고 두루 미쳐야 하며, 몸은 사물에 대해 행위하는 것으로 뜻을 세워 공경해야 한다."[7)]고 말한다. 즉 몸과 마음은 사물과 서로 대응하는 유기적인 관계에 놓여 있는 것이다. 이제마는 「태극도」를 설명하는 가운데, '마음'에 대하여 태극(太極)의 마음, 양의(兩儀)의 마음, 사상(四象)의 마음을 구분하여 설명한다. 즉 "태극은 마음이며, 양의는 마음과 몸이고, 사상은 일과 마음과 몸과 사물이다."[8)]라고 하고 있다. 여기에서 태극의 마음은 불변적인 존대의 절대 이치이며 지고지순한 절대의 선이라면 양의의 마음과 사상의 마음은 몸 또는 일, 몸, 사물 등과 함께 가변적인 상대성을 갖는다.(김의태 외, 1993)

이제마의 심신관계를 자세히 살펴보면 마음이 몸을 주재(主宰)하는 것

---

5) 李濟馬, 『東醫壽世保元』, 第3章 擴充論. : "太陰人 喜性廣張而樂情促急. 喜性廣張者 太陰之鼻 察於人倫而喜衆人之相助也. 喜性非他臭也. 樂情促急者 太陰之腎 行於居處而樂別人之保己也. 樂情非他樂也."

6) 李濟馬, 『格致藁』 卷1, 儒略. : "物宅身也. 身宅心也. 心宅事也."

7) 李濟馬, 『格致藁』 卷1, 儒略. : "心應事也 博而周也. 身行物也 立而敬也."

8) 李濟馬, 『格致藁』 卷2, 反誠箴. : "太極心也. 兩儀身心也. 四象事心身物也."

을 부정하지는 않지만 마음이 몸을 주재하는 기능을 다할 때 몸도 비로소 제 기능을 다 한다는 의미가 담겨져 있다. 따라서 이러한 주재 개념은 오장 가운데 심장과 폐비간신의 주재관계가 몸 기능의 실재작용이란 점을 밝히는 데로 나아가고 있다.(최대우, 2007) 이러한 점은『동의수세보원』의 '사단론'에 다음의 구절을 통하여 드러나고 있다.

> 오장(五臟)의 심은 중앙의 태극이요. 오장의 폐비간신은 사유(四維)의 사상(四象)이다. 중앙의 태극이 높이 중인(衆人)의 태극 위에 솟아 있고, 사유의 사상은 성인의 사상이 중인의 사상과 두루 통해 있다.[9]

또 이제마는 도덕성의 실현이 몸과 마음의 기능을 통하여 나오게 된다고 주장한다. "호연의 기는 폐비간신에서 나오고 호연의 리는 마음에서 나온다. 인의예지와 사장(四臟)의 기를 확충하면 호연의 기는 여기에서 나오고 비박탐라(鄙薄貪懦)의 욕심을 잘 분별하면 호연의 리는 여기에서 나온다."[10]라고 한 이제마의 말은 도덕성의 실현방법을 천리의 보존에서 찾지 않고 기를 확충한 몸과 마음의 기능으로 설명하고 있음을 볼 수 있다.

4. 사상의학적 심신관의 체육철학적 함의

'체육철학'이란 '체육'과 '철학'이 합성되어 이루어진 말이다. 즉 몸의 움직임, 몸의 활동에 대한 '이유'와 '의미'와 '가치'를 묻는 학문이라 할 수 있

9) 李濟馬,『東醫壽世保元』, 第2章 四端論. : "五臟之心 中央之太極也. 五臟之肺脾肝腎 四維之四象也. 中央之太極 聖人之太極 高出於中人之太極也. 四維之四象 聖人之四象 旁通於衆人之四象也."

10) 李濟馬,『東醫壽世保元』, 第2章 四端論. : "浩然之氣 出於肺脾肝腎也. 浩然之理 出於心也. 仁義禮智 四臟之氣 擴而充之則 浩然之氣出於此也. 鄙薄貪懦 一心之慾 明而辨之則 浩然之理 出於此也."

다. 인간은 몸으로 구성되어 있고 또 몸의 활동을 통하여 삶을 유지한다. 그런데 그 몸은 다시 마음에 의하여 조정되니 몸과 마음은 둘이면서 하나이고 하나이면서 둘이라 할 수 있다. 그런데 이제마의 사상의학은 사람들의 체질이 네 가지 유형으로 분류되어 있다는 발견에서 그치는 것이 아닌 그 유형을 가능하게 하는 우주적 존재론과 심신조화의 인간론을 접근시키고 있다. 이러한 이제마의 끊임없이 본질로 향해나가는 사유방식은 바로 몸의 활동과 그 몸의 활동의 근원을 파고 들어가는 체육철학의 특성과 잘 들어맞는다고 할 수 있다. 그런 점에서 이제마는 한국의 대표적인 체육철학자의 한 사람으로 평가되어져야 한다고 생각한다.

최대우는 「이제마의 몸 이해」를 통하여 유학사에 있어서 이제마가 몸의 철학적 지평을 확장한 점에 대하여 다음과 같이 평가하고 있다.

> 유학사를 통해 몸에 대한 새로운 체계적 해석을 시도한 사람은 동무 이제마 할 수 있다. 동무는 잘 알려진 것처럼 사상의학을 창시하고 시술한 한의학자이다. 그런데 동무의 사상의학은 두 가지 점에서 전통적 시각을 넘어서는 독창적 측면이 보인다. 하나는 '음양오행설'에 이론적 근거를 둔 전통의학을 따르지 않고 '사상설'에 근거를 둔 새로운 의학 이론을 창시했다는 점이다. 다른 하나는 의학의 이론적 근거를 유학사상에 찾는 전통을 따르면서도 전통적인 유학 이론을 그대로 수용하지 않았다는 점이다. 이 두 가지 사실은 '사유'의 본성에 대한 논의의 부분적인 수정이 아니라, 근본적인 시각 변화를 예고한다는 점에서 주목된다. 동무의 철학적 이론은 모두 몸의 중심적 역할을 근거로 전개되기 때문이다. (최대우, 2007)

"동무의 철학적 이론은 모두 몸의 중심적 역할을 근거로 전개되었다."는 최대우의 평가처럼, 사상의학이 지니는 체육철학적 함의는 지대하다 할 것이다. 최근 체험주의(experientialism)의 철학자들은 '신체화된 마음'

이라는 주장을 펴고 있다. 마음이 몸을 주재하는 것이 아니라 몸이 마음을 주재하는 것이다. 몸과 마음이 분리되어 서로 다른 실체로 존재하는 것이 아니라 '마음'이란 몸의 한 기능적 요소로서 작용하고 있는 것이다. 이러한 이해는 체육철학이 확고한 학문의 장에 들어설 수 있는 중요한 관점을 시사하고 있는 것이다.

몸의 작용에 대한 적절한 해명 없이 마음의 본성을 밝히는 일 자체가 불가능하다는 것이 최근 인지과학이 제공하는 경험적인 증거들이다. 인간의 정신활동은 사실 신체적 요소라 부르는 것들에 의하여 지속적의 제약받고 영향을 받는 다는 생각이 현대 철학에서 지지를 받고 있다. 존슨은 『마음 속의 몸』에서 이러한 몸과 마음의 관계를 "'마음'과 '몸'은 사실상 유기체와 환경 사이의 지속적인 상호작용 과정인 그 무엇인가를 개념화하기 위해서 우리가 구성하는 추상물들이다. 몸은 마음 속에 있고, 마음은 몸 속에 있어며, 몸·마음은 세계의 일부다."(존슨, 노양진역, 2000)" 라고 밝히고 있다.(노양진, 2004) 그런데 이미 이제마는 이러한 체험주의 철학의 선구적 역할을 하고 있음을 볼 수 있는 것이다.

『동의수세보원』의 '성명론'에서는 신체의 구체적인 장기를 통하여 인사(人事)를 파악하는 관점을 많은 부분에서 구체적으로 제시하고 있다.

> 눈과 귀와 코와 입의 뜻이 길을 가는 사람들이라도 옳은 일을 하는 데에 다 같이 협동하게 하는 것은 선을 좋아하기 때문이다. 선을 좋아하는 실상은 지극히 공평한 것이니, 지극히 공평하게 되면 지극히 사사로움이 없는 것이다.
>
> 폐와 비장과 간과 콩팥의 뜻이 한 집안에 사는 사람들을 각각 그 입장에 따라서 오로지 이롭게 하는 것은 악을 미워하기 때문이다. 악을 미워하는 실상은 지극히 사사로움 없는 것이니, 지극히 사사로움이 없으면 또한 지극히 공평한 것이다. (후략)[11]

이어 턱과 가슴과 배꼽과 배(頷臆臍腹)의 뜻과 머리와 어깨와 허리와 볼기(頭肩腰臀)의 뜻을 말하고 있다. 이러한 사유는 이제마의 독특한 것으로 일찍이 찾아보기 힘든 대목이라 할 수 있다. 그는 계속하여 "눈과 귀와 코와 입은 사람마다 깨닫는 것이고, 폐와 비장과 간과 콩팥은 사람마다 현명한 것이며, 턱과 가슴과 배꼽과 배는 사람마다 어리석은 것이고, 머리와 어깨와 허리와 볼기는 사람마다 못난 것이다."[12]라고 말하고 있다.

이와 같이 이제마는 몸 기능을 복합적으로 설명하고 있다. 최대우는 이러한 이제마의 몸에 대한 입장을 다음의 세 가지로 정리하고 있다. 즉 첫째, 성(性)·정(情)은 모두 희노애락의 감정을 가리키는 것이다. 둘째, 도덕성은 몸의 기능에 의하여 실현된다. 희노애락의 성은 이목구비가 천기를 살펴서 사람들의 행위가 도덕적인지의 여부를 판단한 후에 발현한다. 셋째, 희노애락의 성을 발현하는 몸 기능은 선천적으로 다르다. 감정의 발현에 개인차가 있는 것은 몸의 선천적 몸 기능이 다르기 때문이다. (최대우, 2007)

이처럼 신체의 각 부분이 사람들의 구체적인 행동을 결정한다고 바라보는 이제마는 구체적인 수행방법에 있어서도 장부와 체질에 따른 논의를 확장하고 있다. 예를 들어 만약 태음의 턱과 소음의 가슴과 태양의 배꼽과 소양의 배가 각각 교만한 마음과 자랑하는 마음, 꾸미는 마음과 과장하는 마음을 경계한다면 계책과 경륜 그리고 행검(行檢)과 도량(度量)을 갖추게 된다고 한다. 또한 소음의 머리와 태음의 어깨 그리고 소양의 허리와 태양의 엉덩이가 각각 빼앗으려는 마음과 사치하려는 마음 그리

11) 李濟馬, 『東醫壽世保元』, 第1章 性命論. : "耳目口鼻之情 行路之人 大同於協義故 好善也. 好善之實極公也 極公則亦極無私也. 肺脾肝腎之情 同室之人 各立於擅利 故 惡惡也. 惡惡之實 極無私也 極無私則亦極公也. (후략)."

12) 李濟馬, 『東醫壽世保元』, 第1章 性命論. : "耳目口鼻 人皆知也. 肺脾肝腎 人皆賢也. 頷臆臍腹 人皆愚也. 頭肩腰臀 人皆不肖也."

고 게으른 마음과 훔치려는 마음을 경계한다면 대인(大人)의 식견과 위의 재간과 방략을 갖추게 된다고 말한다. 또한 태양인은 과다하게 나아가려고 하기 때문에 안으로 저축하는 기운이 체질관리의 기본이 되고, 태음인은 안으로 지키려 하기 때문에 밖으로 기운을 발산·소비해야 되며, 소양인은 열이 많고 성품이 급하기 때문에 서늘하고 맑은 기운을 갖추어야 하며, 소음인은 차고 성품이 여성적이며 소극적이어서 따뜻하고 맑은 양기를 확장해야 한다고 말한다.(허훈, 2007) 이러한 이제마의 수양론 역시 몸과 체질을 중심으로 하여 이루어지고 있음을 볼 수 있다.

5. 사상체질의 체육학적 활용방안

이제마의 사상의학은 사람을 신체의 장기의 특징에 따라 사상체질로 유형화 하여 체질에 따른 건강법과 치료법을 제시하고 있다는 점이다. 특히 수많은 사람들을 통하여 임상과 실증의 토대위에서 인간을 사상으로 유형화하였다는 점에서 한의학의 영역뿐만 아니라 수많은 영역에서 그 활용가치가 높다 할 수 있다. 예를 들어 김성훈은 「사상의학으로 본 영화속의 캐릭터 분석연구-태백산맥을 중심으로」에서 사상체질의 특성을 정리하고 태백산맥의 등장인물을 체질별로 분류하는 연구를 발표한 바 있다.(김성훈, 2002)

체육학의 영역에 있어서도 이제마의 사상체질론의 활용 가능성은 높다고 할 수 있다. 물론 이에 대한 구체적인 연구는 임상을 통하여 실증적으로 검증되어야 할 문제이지만 그러한 시도를 위해 몇 가지의 사항만을 언급하도록 하겠다.

이미 이제마는 『동의수세보원』을 통하여 구체적으로 자신의 체질을 분류할 수 있는 여러 가지 방법과 더불어 각 체질별로 체형과 성격 및 심리상태 그리고 병증을 논하고 있다. 또한 단순히 신체적인 특성만을 말한 것이 아니라 마음을 결부시키고 있다. 따라서 각자가 자신의 체질을 알아낼 수 있고, 또한 그 체질에 따른 병증을 살펴 몸과 마음을 함께 다스릴 수 있는 가능성을 열어 놓고 있다. 따라서 운동선수나 일반인 모두 자신의 체질을 알아서 그에 맞는 운동과 경기를 선택할 수 있으며, 같은 운동을 할 때에도 자신의 체질에 맞게 조절할 수 있다. 또한 체질에 따른 심리적 특성을 활용한다면 체육교육의 영역에 있어서도 많은 활용이 가능하다고 볼 수 있다.

이미 심창애는『이제마의 사상체질에 따른 도덕수양론』을 통하여 희로애락의 네 가지 감정이 장기의 대소와 깊은 상관관계가 있음에 착안하여 사상체질에 따른 구체적인 도덕수양론을 제시한 바 있다. 이러한 연구성과 등을 참조한다면 사상체질에 따른 구체적인 운동요법, 심신수양 방법론 등이 만들어질 수 있다고 보여 진다.

우선 사상체질의 구체적인 구별에 대하여 이제마는『동의수세보원』의 '사상인변증론'에서 자세히 밝히고 있다. 먼저 사상인에 해당하는 사람의 수를 태음인이 50%, 소양인이 30%, 소음인이 20% 정도 차지하고 있으며, 태양인의 수는 극히 드물어 만 명 중 10명 이내라고 밝히고 있다. 따라서 일반적으로 태양인은 무시해도 큰 지장이 없다고 보여 진다. 임상되어진 것을 참조하면 남자의 경우는 위의 이제마의 수치와 비슷하나 여자의 경우는 소음인이 더 많은 것으로 보고 되어지고 있다.

체육학 혹은 체육교육학적으로 사상체질을 활용하기 위해서는 우선 각 체질을 구별하는 기준과 그 특징을 구별해야 한다. 이에 대한 연구와 소개는 이미 한의학계와 일반적인 도서를 통하여 많이 알려져 있다. 각 체질별 특징에 대하여 간략히 요약해 보면 다음의 도표와 같다.

체질	특징	모습	성질	재간
태양인	肺大 肝小	머릿골의 기운이 성장한 모습이고 허리가 가늘고 약하게 생겼다.	사리에 밝게 거침없이 통하는 것이 장점이다.	처음 만나는 사람도 잘 사귄다.
태음인	脾大 腎小	머릿골의 이룬 기세가 외롭고 약하게 생겼다. 허리가 굵다.	일을 맺어 완성하는데 장점이 있다.	기거하는 가정이나 처지를 잘 다스리며 지키는데 능력이 있다.
소양인	肺小 肝大	가슴둘레를 싸고 있는 형세가 성장하고 방광의 앉아 있는 자세가 허약해 보인다.	굳세고 날랜 것이 장점이다.	문서를 맡아 보는 일에 능력이 있다.
소음인	腎大 脾小	방광의 앉아 있는 자세는 성장하고 가슴둘레를 싸고 있는 형세가 약하다.	늘상 단정하고 침착한 것이 장점이다.	동료들과 더불어 일을 조직하는데 능력이 있다.

또한 이제마는 '사단론'에서는 인의예지의 개념을 사용하여 네 종류의 사람을 언급하고 이를 사상체질과 연결시키고 있고, '사상인변증론'에서는 체질에 따라 마음을 다스리면 장수할 수 있다고 강조하고 있다. 이를 간략히 도표화 하면 다음과 같다.

체질	사단	사상	욕심의 병증	마음 다스리는 법
태양인	禮	事	예를 버리고 방종하게 된다. (鄙人) 술에 빠지기 쉽다.	한걸음 물러서면서 항상 급박한 마음을 가라앉혀라. 항상 노기를 내는 마음과 애처로워 하는 마음을 경계하라.
태음인	仁	物	인을 버리고 욕심이 극하게 된다. (貪人) 물욕에 빠지기 쉽다.	바깥을 살피면서 항상 겁내는 마음을 가라앉혀라. 항상 즐거워하고 기뻐하는 마음을 경계하라.
소양인	智	心	지를 버리고 사사로움을 꾸미게 된다. (薄人) 色에 빠지기 쉽다.	집안을 살피면서 항상 두려워하는 마음을 가라앉혀라. 항상 애처로워하는 마음과 노기를 내는 마음을 경계하라.
소음인	義	身	의를 버리고 안일하게 된다. (薄人) 권세를 탐하기 쉽다.	한걸음 나아가면서 항상 안정하지 못하는 마음을 가라앉혀라. 항상 기뻐하는 마음과 즐거워하는 마음을 경계하라.

위의 내용을 통하여 살펴보면 알 수 있듯이 각 체질별로 나타난 특징에 의하여 그에 알맞은 운동처방을 내릴 수 있을 것으로 보인다. 예를 들어 상체가 좋고 하체가 빈약한 태양인들에게는 하체를 강화시킬 수 있는 운동요법과 경기종목을 선정할 수 있을 것이다. 또한 급박한 마음을 조절하기 위한 요가나 명상 등의 방법을 권장할 수 있을 것이다. 그리고 허리가 굵고 몸이 둔한 태음인들에게는 땀을 많이 배출할 수 있는 등산이나 축구 등을 권장할 수 있으며, 겁내는 마음을 극복할 수 있는 담력운동을 권장할 수 있을 것이다. 또 굳세고 날랜 소양인들에게는 마음을 느긋하게 가질 수 있는 운동을 권하거나 노기를 다스리고 마음을 가라앉힐 수 있는 양궁 등을 권장할 수 있을 것이다. 하체가 강한 반면 상체가 약하고 안정되지 못하고 소심한 마음을 가진 소음인들에게는 함께 몸을 부딪치며 할 수 있는 구기 종목을 권장할 수도 있을 것이다.

6. 맺음말

이상으로 『동의수세보원』과 『격치고』를 중심으로 하여 이제마의 사상의학에 대한 심신관을 체육철학의 관점에서 살펴보았다.

우선 사상설의 근간이 되는 『동의수세보원』과 『격치고』의 체제와 내용을 통하여 그의 저서가 유학사상의 영향 속에서 출현한 것임을 밝혔다. 특히 사서(四書)를 중시하면서 실학과 기철학적인 흐름을 반영하고 있음을 밝혔다.

사상의학적 심신관은 사람은 사상체질 가운데 어느 하나를 가지고 태어나며, 그 사람의 체질은 희노애락의 성품 가운데 어느 성품을 받았는가에 따라 결정된다는 점을 밝혔다. 이제마는 몸의 기관과 체질 간에는 유기적인 관련성이 있으며, 심신관계는 마음이 몸을 주재하는 것을 부정하지는 않지만 마음이 몸을 주재하는 기능을 다할 때 몸도 비로소 제 기능을 다 한다는 의미를 내포한다고 보고 있다. 아울러 도덕성의 실현이 몸과 마음의 기능을 통하여 나오게 된다고 보고 있다.

이러한 사상의학적 심신관은 몸의 중심적 역할을 근거로 전개된 것이며, 최근 체험주의의 철학자들의 '몸의 중심성'을 강조하는 입장과 일치하는 것이다. 또한 신체의 각 부분이 복합적 기능을 하고 있는 점과 그것이 수양론으로까지 이어지는 일관된 체계를 제시한 점은 체육철학의 입장에서 높이 평가할 수 있다는 점을 밝혔다.

끝으로 사상체질의 체육학적 활용방안은 이미 유형화된 체질분류법에 따라 각자가 자신의 체질을 알 수 있으므로, 이를 활용하여 사상체질에 따른 운동요법, 심신수양 방법론 등이 만들어질 수 있음을 밝혔다. 다만 구체적인 활용 방안을 모색하는 작업은 추후의 과제로 남겨두었다.

본고에서 살펴본 바와 같이 이제마의 철학은 체육학의 영역에서 다루어져야 한다. 그동안 체육철학의 연구자들이 도교의 양생법에 대한 관심을 깊게 가지면서도 사상의학에 관심을 기울이지 않은 것은 아마도 한의학과 체육철학의 범주가 다르다고 생각하였거나, 사상의학에 대한 이해가 부족했기 때문일 것이다. 그러나 이제마의 사상의학에 나타난 심신관과 수양론 그리고 인간에 대한 이해는 유기체적인 세계관 속에서 몸을 중심으로 하여 인간을 바라보고, 또한 선천적으로 체질이 정해져 있다는 관점을 굳게 견지하고 있다. 이러한 점에서 앞으로 체육철학의 중요한 담론으로 자리매김할 것이라고 생각한다.

동양의 체육철학은 서구의 스포츠와는 달리 승패를 중심으로 한 경쟁적 놀이문화로 발전하지 않고 도(道) 개념을 중심으로 하여 음양・강유・허실・내외・동정 등의 개념을 원용하여 신체활동을 철학화는 수행문화로 발전하였다.(김부찬, 2007) 이제마의 철학 또한 큰 차원에서 볼 때 이러한 동양의 체육철학의 특징을 반영하고 있는 것으로 볼 수 있다.

체육학계에 있어서 체육철학은 아직도 주변부에 처해 있고, 체육철학의 학문적 성격 또한 명확하지 않은 것이 사실이다. 또한 체육철학의 연구대상이 되는 외연을 확정하는 문제도 논란의 여지가 있다. 그럼에도 불구하고 체육의 본질을 묻는 체육철학의 중요성은 시간이 갈수록 증대되고 있다. 이러한 상황 속에서 한국 전통의 체육철학을 발굴하고 한국체육철학을 정립해 나가야 하는 것이 이 시대 체육철학 전공자의 주어진 과제라 할 수 있다. 우리가 이제마의 사상의학에 주목해야 하는 이유가 여기에 있다.

참고문헌

李濟馬. 『格致藁』.

李濟馬. 『東醫壽世保元』.

李濟馬(1992). 『동의수세보원』, 서울 : 여강출판사.

『周易』.

강신익 외(2007), 『의학오디세이』, 서울 : 역사비평사.

강신익(2007), 『몸의 역사 몸의 문화』. 서울 : 휴머니스트.

권오륜(1999), 『체육학의 동양철학적 접근-스포츠의 철학적 이해』. 서울 : 태근.

김대식 · 김영환 · 신현군(2001), 『체육철학』, 서울 : 나남출판.

김부찬(2006), 『한국 전통무예의 체육철학』, 전주 : 신아출판사.

김영환 외(2002), 『체육철학』, 서울 : 연세대출판부.

김종덕 외(2002), 『이제마평전』, 서울 : 한국방송출판.

李濟馬, 이창일 옮김(1999), 『東武遺稿』. 서울 : 청계.

불교와 사상의학 연구회편(2011), 『불교의 마음챙김과 사상의학』, 서울 : 운주사.
송일병(1993), 『알기 쉬운 사상의학』, 서울 : 하나미디어.
윤종빈 · 김영목(2004), 『사상의학의 역철학적 기초- 한석지의 『明善錄』을 중심으로』, 서울 : 문경출판사.
이정학(2005), 『체육과 스포츠의 철학적 탐구』, 서울 : 대한미디어.
李濟馬, 박대식 역주(2000), 『사상의학적 인간학-格致藁』, 서울 : 청계.
李濟馬, 李道耕 譯編(1995), 『四象要覽』, 익산 : 원불교출판사.
李濟馬, 지규용 역해(2001), 『格致藁譯解』. 서울 : 영림사.
李濟馬, 홍순용 · 이을호 역(1973), 『사상의학 원론』, 서울: 수문사.
李濟馬. 박성식 역해(2002), 『東醫壽世保元四象草本卷』, 서울 : 집문당.
이종우(1992), 『신비한 체질의 세계』, 서울 : 서원당.
이창일(2006), 『사상의학 몸의 철학 마음의 건강』, 서울 : 책사상.
林殷., 문재곤 역(1999), 『한의학과 유교문화의 만남』, 서울 : 예문서원.
최대우(2009), 『이제마의 철학』, 서울 : 경인문화사.
허훈(2008), 『동무 이제마의 철학사상-심성론과 수양론』, 서울 : 심산출판사.
황태연(2003), 『사상체질과 리더쉽』, 서울 : 들녘.
G. 레아코프 · M. 존슨, 임지룡 외역(2002), 『몸의 철학-신체화된 마음의 서구사상에 대한 도전』, 서울 : 박이정.
M. 존슨, 노양진 역(2000), 『마음 속의 몸-의미, 상상력, 이성의 신체적 근거』, 서울 : 철학과 현실사.

강태곤(2004), 「동무 이제마의 심론 연구」, 동국대학교 석사학위논문.
구덕모 · 강효신(1997). 「『격치고』에 나타난 이제마의 의철학 배경 연구」, 『제한동의학술원논문집』 2, 19-70.
김경효 · 홍순용(1989). 「東醫壽世保元中 性命論에 대한 연구」, 『사상의학회지』 1.
김달래 · 고병희 · 송일병(1990), 「동무 이제마의 학문적 연원과 사상의학의 형성 시기에 대한 연구」, 사상의학회지 2.

김만산(1999), 「周易의 관점에서 본 사상의학원리(1)-性命論에 관하여」, 동서철학연구 18. 25-41.

김만산(2000), 「周易의 관점에서 본 사상의학원리(2)-四端論에 관하여」, 동서철학연구 20. 153-176.

김병천(2004), 「주희와 이제마의 인간관 비교연구」, 성균관대 유학대학원 석사학위논문.

김부찬(2007), 「유교·불교·도교 체육철학적 특성 비교」, 『한국체육학회지』 46(1), 한국체육학회, 57-68.

김성훈(2002), 「사상의학으로 본 영화 속 캐릭터 분석연구-태백산맥을 중심으로」, 『영화교육연구』 4. 31-61.

김윤기(2005), 「이제마 사상철학의 윤리론 연구」, 한국학중앙연구원 한국학대학원 박사학위논문.

김의태·하지용·안규석(1993), 「四象醫學에서의 心의 概念 설정에 관한 연구」, 『동의병리학회지』 8, 245-258.

김정향(1990), 「이제마의 성정론에 대한 고찰」, 경희대학교 석사학위논문.

노상용(2006), 「동무 사상의학의 철학적 의의와 의학적 확장」, 세명대학교 박사학위논문.

노양진(2004), 「몸의 철학적 담론」, 『철학연구』 27, 대한철학회, 31-58.

박성식(2011), 「東武 李濟馬의 四象醫學과 佛敎의 영향」, 『불교학보』 57, 261-293.

박은경(2004), 동무 이제마의 인간관에 관한 연구, 동국대학교 박사학위논문.

백상룡(2000), 「東武 李濟馬의 醫學思想에 대한 硏究」, 『대한한의학원전학회지』 13(1), 117-145.

백유상(2009), 「東武 李濟馬의 性情論에 대한 해석-四七理氣論辯을 중심으로」, 『한국철학논집』 26, 한국철학사연구회, 215-247.

손상곤(1997), 「유학자들의 心性情과 이제마의 性情氣에 관한 문헌적 고찰」, 상지대학교 석사학위논문.

송일병(1991), 「李濟馬 哲學의 學問的 背景과 四象醫學의 成立에 대한 考察」,

『사상의학회지』 3(1).

송정모 · 고병희 · 송일병(1990), 「性命論을 중심으로 한 李濟馬의 四象觀에 관한 고찰」, 『사상의학회지』 2.

송정모(1992). 「四象醫學의 原理와 哲學的 背景에 대한 考察」, 사상의학회지 4(1).

심창애(2003). 「李濟馬의 四象體質에 따른 道德修養論-『동의수세보원 · 사단론』을 중심으로-」, 『동양철학연구』 35, 동양철학연구회, 153-181.

이을호(1972), 「李濟馬 四象說 論攷」, 『철학연구』 7, 철학연구회, 1-24.

이준희 · 이의주 · 고병희(2009), 「동무 심성론 재고」, 『사상체질의학회지』 21(2).

이창일(1996), 「동무 이제마 사상의 기본구조」, 한국정신문화연구원 한국학대학원 석사학위논문.

이풍용(1991), 「동무 이제마의 인간관에 대한 연구」, 대전대학교 석사논문.

장현진 · 송정모 · 송일병(1993), 「格致藁 反省箴에 나타난 李濟馬의 철학사상에 관한 고찰」, 『사상의학회지』 5.

정우열(1994), 「東武 李濟馬의 哲學과 醫學思想」, 『동의병리학회지』 9. 153-170.

최대우(2007), 「이제마의 몸 이해」, 『범한철학』 47, 범한철학회, 27-48.

최대우(2011), 「이제마 사상설의 철학적 근거」, 『범한철학』 62, 범한철학회, 1-30.

허훈(2006), 「東武 李濟馬의 理氣性情論에 관한 연구- 운암 한석지와 비교하여-」, 『동양철학연구』 45, 동양철학연구회, 203-229.

허훈(2007). 「동무 이제마의 수양론의 현대적 의미」, 『철학』 93, 한국철학회, 21-45.

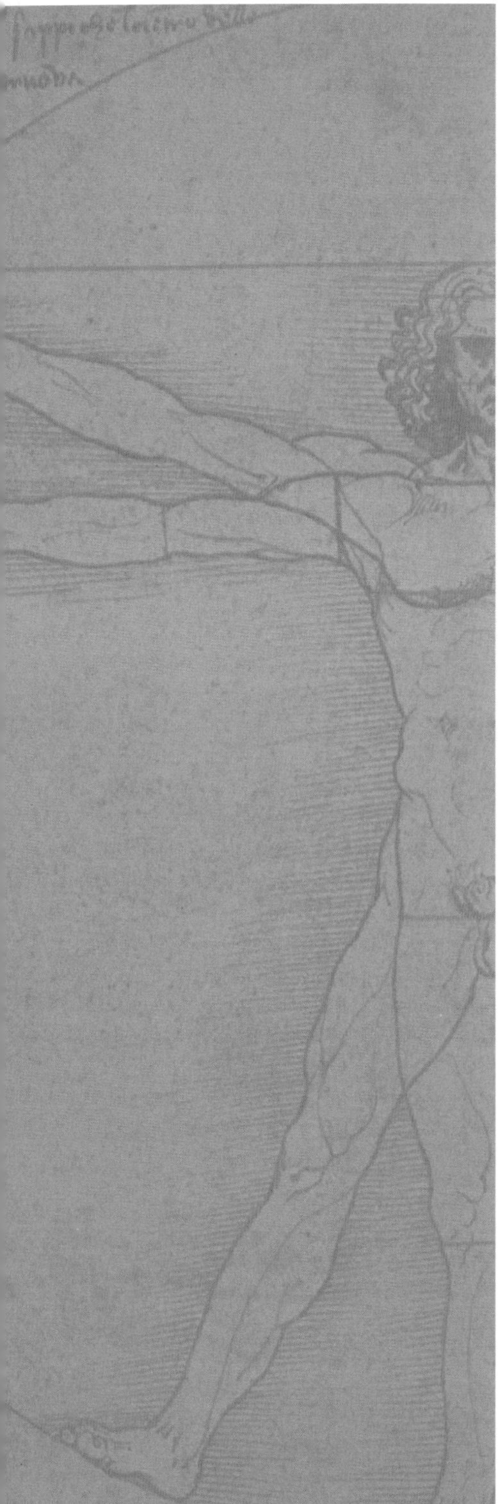

제3부

스포츠 윤리와 원불교의 체육철학

한국 스포츠계의 도덕성 부재 현상에 대한 스포츠 윤리학적 접근*

1. 서론

1988년 서울올림픽과 2002년 월드컵의 성공적인 개최로 인하여 이제 한국은 세계 스포츠 강국의 하나로 자리 잡고 있다. 한국사회에 있어서 스포츠는 일상생활에서 중요한 위치를 점유하고 있다. 야구 · 축구 · 골프 · 농구 등 많은 분야에 있어 프로선수들의 일부는 대중적인 스타로서 자리 매김하고 있을 뿐만 아니라, 한국 사회의 새로운 귀족층으로 등장하고 있다. 또한 일상생활 속에서 생활체육의 범위도 점차 확대되고 있는 추세이다.

그럼에도 불구하고 한국 스포츠의 현장에서는 다양한 문제가 등장한다. 선수들을 중심으로 약물과 속임수, 폭력과 구타, 무리한 체중감량에 의한 사망 등의 반인륜적이고 비도덕적인 일들이 매일같이 일어나는가 하면 스포츠 기관 내에서는 개인비리와 집단이기주의, 로비와 금품수수 등의 현상이 일고 있다. 이러한 문제들은 스포츠 자체가 갖고 있는 속성

※ 본 논문은 한국스포츠리서치에서 2004년에 발간한 『한국스포츠리서치』 15권 1호 629-639쪽에 실린 논문이다.

때문인가, 아니면 한국 스포츠계에 있어 윤리와 도덕성이 희박하여서 발생하고 있는 현상인가? 이러한 문제에 대한 판단은 개인적 관점에 따라 다르게 나타날 수 있지만, 한국 스포츠가 발전하기 위해서는 도덕성을 담지할 수 있는 방안이 반드시 마련되어야 한다고 생각한다.

이제 한국 스포츠는 국가나 일부 선수들의 전유물이 아니라, 국민 모두의 삶의 일부로서 정착되고 있다. 따라서 스포츠의 본질은 무엇이며, 스포츠와 도덕성의 상관관계가 무엇인지, 스포츠의 비윤리적인 현상을 치유할 방법론은 무엇인지에 대한 체계적인 분석과 학문적인 담론을 일반화해야 할 시기에 와 있다고 할 수 있다. 학문적으로 이러한 '스포츠 윤리'에 대한 문제를 다루고 있는 것은 체육철학이다. 따라서 체육철학을 전공하는 전공자들은 한국 스포츠의 현장에서 발생하고 있는 비윤리적인 문제에 대한 구체적인 분석과 이를 해결하기 위한 고뇌가 있어야 된다고 생각한다.

본고에서는 최근 한국 스포츠계에 만연된 도덕덕성 부재의 현상을 목도하고, 이러한 문제를 해결하기 위하여 '왜 스포츠에 있어서 도덕성이 필요한가'를 언급하고자 한다. 또한 체육철학 내에서 이러한 문제에 대해 어떠한 학문적 접근을 시도해야 하는지, 아울러 한국 스포츠계에서 도덕성 문제를 탐지하기 위한 구체적인 방안은 무엇인지를 검토하고자 한다.

이에 대한 기존의 연구 성과는 주로 서양의 연구가 주류를 이루었으나, 1990년대 들어 우리 학계에서도 이학준, 이진수, 이천희, 박찬희, 박현우, 등 체육철학 전공자들을 중심으로 이 문제에 대한 연구 성과를 발표하고 있다.[1] 그러나 체육학계의 연구 성과는 아직도 미약하다고 할 수 있다.

1) 이에 대한 대표적인 연구 성과로는 이학준(2003)의 『스포츠의 사회윤리』(북스힐)가 단행본으로 나와 있으며, 박찬희(1990)의 「스포츠의 도덕성에 관한 연구」(성균관대석사학위논문), 선병기(1995)의 「도덕성회복을 위한 스포츠의 역할」, 김종우・박형윤・박현우(1995)의 「스포츠 도덕율의 문제점과 대안적 참조」(전남대 스포츠과학연구소 12집) 등 다수의 논문이 있다.

스포츠 윤리학의 연구과제에 대하여 이학준은 '스포츠에서의 최고선', '스포츠에서의 도덕적 행위의 기준', '스포츠맨십은 무엇인가', '스포츠에에서 경쟁은 윤리적으로 정당화 될 수 있는가', '스포츠에서 약물의 사용을 윤리적 측면에서 어떻게 이해될 수 있는가' 등등의 17가지 문제를 제기하고 있다.[2] 또한 스포츠와 도덕간의 관계에 대한 심도 있는 철학적 논의로는 김종우·박형윤·박현우의 「스포츠 도덕률의 문제점과 대안적 참조」에서 스포츠 세계에서 나타나는 도덕의 문제를 어떻게 학문적으로 접근할 수 있는지를 언급하고 있다. 이와 같이 스포츠 윤리에 대한 접근을 시도한 논문이 있긴 하지만, 이러한 주제 외에도 다양한 주제에 대하여 진지한 학문적 검토가 많이 이루어져야 한다고 본다.

따라서 본고에서는 기존의 연구 성과를 검토하고, 아울러 최근 한국 스포츠계에 나타난 비도덕적인 현상을 살펴보고자 한다. 또한 이러한 문제를 해결하기 위한 스포츠 윤리학의 과제가 무엇인지에 대한 문제제기와 더불어 기존의 윤리학에 있어서 중요한 관점들을 접목시켜 한국스포츠의 도덕성 문제에 관한 학문적 검토를 시도하고자 한다.

2. 한국 스포츠계의 비도덕적인 현상

지난 2003년 한국 스포츠계는 일반인들의 눈살을 찌푸리게 하는 많은 사건들을 경험했지만, 그 중 특히 전주에서 열렸던 전국체전에 참가하기 위한 레슬링 선수가 무리한 체중 감량으로 인하여 숨진 사건[3]과 김운용 IOC위원의 비리와 부정 사건을 들 수 있으며, 이외에도 축구와 야구 및

2) 이학준(2003), 『우리 스포츠철학의 길』, 서울 : 북스힐, 12-13.

3) 2003년 10월 10일 전주의 모고등학교 레슬링 선수가 전국체전에 참여하기 위하여 무리한 감량을 시도하다가 죽은 사건으로 주요 일간지와 TV에 자세한 보도가 된 바 있다.

농구 등의 프로경기에서 발생하는 경기장 내의 폭력사태 등을 들 수 있을 것 같다.

레슬링 선수 김모군은 고등학교 학생으로 자신의 체급보다 낮은 체급으로 출전하기 위하여 무리한 체중감량과 혹독한 훈련으로 인하여 죽음에 이르게 되었는데,[4]이 참사는 승리지상주의가 낳은 피해자로 볼 수 있다. 이는 김운용 IOC위원의 재직시 발생한 사건으로 한국 스포츠계의 구조적인 한계를 적나라하게 보여준 사건이었다.

김모군의 죽음은 '경쟁에 승리하기 위해서는 비인간적이며 무리한 강도의 훈련과 신체적인 한계를 넘는 체중감량도 정당화될 수 있다'는 잘못된 생각에서 발생한 인재이다. 그렇다면 우리사회에 있어 이러한 승리지상주의는 어디에서 발생한 것일까?

스포츠의 구조상 경쟁은 불가피하며, 승리를 추구하는 것은 어쩌면 당연한 일이다. 스포츠에 있어 승리를 추구하는 것이 도덕적으로 문제가 되는 것은 아니다. 다만 승리를 위해 선수들의 목숨까지도 희생하여야 한다면, 그것은 도덕적으로 문제가 될 수 있다. 맹목적인 승리에 대한 집착 때문에 우리는 스포츠에 있어 승리가 과연 무슨 의미가 있는 것인지 의심하게 되는 것이다. 언제부터인지 모르지만 분명 우리사회에서는 '스포츠의 목적이 승리에 있다'는 승리지상주의가 만연하고 있다. 어느 사회의 스포츠이건 그것은 분명 그것은 시대의 산물일 수밖에 없다. 따라서 승리지상주의 또한 우리사회의 반영이라고 볼 수 있다. 우리사회에서 승리지상주의를 부추긴 원인을 생각해보면 다음의 몇 가지로 요약해볼 수 있다.

첫째, 스포츠가 국가이데올로기로 작용한 것을 들 수 있다. 지난 시기

4) 현재 무리하게 체중감량을 실시하고 있는 종목으로는 레슬링과 더불어 권투・역도・유도 등의 종목들이다. 이러한 종목들은 체급 경기라는 종목의 특성상 선수들이 어느 정도 체중조절은 불가피하다 하더라도 신체적인 한계를 넘어서는 체중감량은 인명의 위험성이 있어 선수보호의 차원에서 강도 높은 규제가 있어야 할 것으로 보인다.

우리는 군사독재와 개발도상국의 상황 속에서 스포츠 강국을 통하여 국민들을 의식을 통합하려는 정책을 취해왔다. 따라서 '승리는 곧 애국'이라는 논리 속에서 선수들에 대한 스파르타식 교육이나 강압적인 훈련을 통해서라도 승리를 하는 것이 좋은 것이라는 가치를 양산해 왔다.

둘째, 스포츠 상업주의를 들 수 있다. 현대에 와서 스포츠는 많은 영역에서 기업과 관련되어 있고, 대기업은 프로팀의 양산을 통하여 자신의 기업을 홍보할 뿐만 아니라, 나아가 스포츠팀의 운영을 통하여 기업의 이익을 증대시키고 있다. 따라서 프로팀에 가담된 선수들은 승리의 여부와 개인적인 기록 여부에 따라 개인적인 연봉과 선수의 자격 유지 등이 결정되고 있다. 이에 따라 선수들은 승리에 집착할 수밖에 없고, 승리를 위해 수단과 방법을 가리지 않는 경향성을 가지게 된다.

셋째, 스포츠 지역주의를 들 수 있다. 우리 사회에 있어 스포츠의 팀 단위는 대개 지역 단위로 이루어지고 있기 때문에 지역적인 애향심과 지연주의 등의 영향으로 지나치게 승리에 집착하는 경향성을 띠게 된다. 위의 김모군의 안타까운 죽음도 지역주의와 관련된다고 볼 수 있다.

김운용 위원의 사건은 한국 스포츠계의 운영에 대한 결정권이 한 개인에게 지나치게 편중되면서 나타나게 되는 부정과 비리의 문제이다. 김운용 위원에 대한 매스컴의 반응은 다음과 같다.

> 30여 년 동안 국제무대에서 한국 스포츠의 대명사로 불려온 김운용 IOC위원, 한국 스포츠 발전에 미친 김위원의 공적은 국내외에서 모두 인정하고 있지만, 김운용 위원의 비리의혹과 각종 추문이 불거져 나오면서 과거 김운용 위원으로 대표되었던 엘리트체육이 많은 성과를 올린 것은 사실이지만 상대적으로 학교체육과 생활체육, 그리고 스포츠 외교, 행정의 전문가를 길러내지 못한 것은 커다란 문제입니다. 지난 7월 평창 동계올림픽 유치 실패에선 김운용 위원 한사람에게 매달려왔던 우리나라 스포츠 외교력의 한계가 뚜렷하게 드러났습니다. 김 위원은 IOC부위

> 원장직 재선을 위해 동계올림픽 유치를 오히려 방해했다는 의혹을 받아 국회에선 진상특위까지 열렸습니다. 김 위원은 또 대한체육회 자금유용, 세계태권도 연맹과 국기원 공금 유용, 대한올림픽위원회 위언선임 관련된 금품수수 혐의로 검찰 조사까지 받는 곤욕을 치렀습니다. 개인비리 만큼이나 체육계의 집단 이기주의도 심각한 수준이었습니다. 체육회와 올림픽위원회 분리, 체육회와 생활체육협회의회 통합 등 체육단체 구조 조정은 해당 단체들의 반발에 밀려 또 다시 무산됐습니다. 반발의 속사정은 체육발전이란 대의가 아니라 각 단체들의 잇속 챙기기였습니다.[5)]

김운용 위원의 경우를 보면 한국체육계의 구조적인 문제를 적나라하게 볼 수 있다. 체육계를 운영하는 지도자가 권력 및 재계와 밀착되어 있을 뿐만 아니라, 1인에게 제왕적인 지위를 30년 동안이나 주어졌다는 것은 상식적으로 납득하기가 힘이 든다. 결국 수많은 영역에서 비리와 금품수수 등의 사건들로 불거져 나올 수밖에 없는 구조적 한계를 안고 있었다고 하겠다. 이러한 문제는 연쇄적인 비리의 고리에 의하여 스포츠의 현장에까지 파급되어질 수밖에 없어 안타까운 일이 아닐 수 없다.

또한 매 경기마다 일상적으로 나타나는 경기장에서의 폭력사태, 선수들의 약물복용, 심판의 오판 등의 문제도 좀처럼 줄어들지 않고 있는 것이 현실이다. 이러한 문제들은 선수 개인들의 윤리적인 결함에도 문제가 있지만 현대 사회의 스포츠가 가지고 있는 구조적인 문제도 있어 사회윤리적인 접근을 시도할 필요가 있다.

이러한 일들을 접하면서 우리는 한국 스포츠계의 도덕성 부재와 이러한 현실을 해결해 나갈 체육철학계의 철학적 담론이 부재함을 발견하게 된다. 따라서 이러한 문제해결을 위한 체육철학계의 역할이 요청된다고 할 수 있다. 즉 체육철학의 주된 논의가 체육의 현상에 철학적 이론을 무분별하게 끌어들여 사변적인 논쟁으로 갈 것이 아니라, 우리의 체육계의

---

5) YTN, 2004년 1월 2일 보도문. 안민석 체육계혁 시민연대의 발언을 녹취한 내용.

현실에 나타난 구체적인 문제를 해결하기 위한 체육철학의 이론을 만들어 내고 이를 구체적인 현실에 적용하는 노력을 기울이는 방향으로 코페르니쿠스적 전환을 해야 한다고 생각한다.

3. 스포츠와 도덕성의 상호 관련성

'스포츠가 도덕적일 필요가 있는가?'하는 의문을 우리는 가져보게 된다. 왜냐하면 '스포츠의 본질, 혹은 목표가 무엇일까?' 하는 물음을 가질 때에 그것이 반드시 도덕적인 것이 될 수는 없기 때문이다. 많은 사람들이 "스포츠가 가지고 있는 속성은 경쟁성과 즐거움에 있다."[6]고 하며, 따라서 경쟁에서 승리하기 위한 것을 목표로 하는 것은 어쩌면 스포츠에 당연한 일로 받아들여지고 있기 때문이다. 스포츠에서 승리하는 자가 꼭 도덕성이 우월 사람은 아니다. 그러나 비도덕적인 방식으로 승리하였거나, 스포츠 스타들이 비도덕적인 행동을 했을 경우 많은 사람들로부터 비난을 받게 된다. 이와 같이 '스포츠의 궁극적 목표가 도덕성을 실현하기 위한 것이다'라는 주장에 수긍하는 것은 어렵다 할지라도 '스포츠가 도덕과 관련이 있다"는 사실에는 누구나 수긍할 수 있을 것이다.

스포츠와 도덕의 관계가 역사적으로 오래되었다는 사실은 이미 많은 학자들이 언급하였다.[7] 스포츠 윤리학적 연구를 최초로 시도한 이는 아리스토텔레스로 알려져 있다. 그는 신체적 관점에서 신체적 윤리학을 운동(체조) 윤리학, 영양학, 성 윤리학으로 구분하고 그것에 용기, 절제, 지혜 그리고 정의의 덕목을 응용하여 다양한 규범들을 교육적으로 실현하

---

6) 이학준(2002), 「체육철학 : 한국스포츠철학사 연구」, 『한국체육철학회지』 10(2), 한국체육철학회, 80.

7) 이에 대하여 김종우・박형윤・박현우(1995)의 『스포츠 도덕율의 문제점과 대안적 참조」를 참조할 것.

려 하였다.[8] 이러한 아리스토텔레스의 정신은 플라톤에게 이어져 고대올림픽 경기에서 도덕 행위들이 요구되었다.

특히 근대올림픽의 창시자인 쿠베르탱은 1세기 말기의 도덕적 혼란상을 올림픽의 도덕 이념을 통하여 극복하고자 하였으며, 근대 올림픽 경기대회는 도덕적, 교육적 계몽운동을 통하여 '인간성 회복'을 성취하고자 한 것이었다.[9] 즉 쿠베르탱에 의하여 시작된 근대올림픽이 가장 주목했던 부분이 스포츠 윤리의 측면이었으며, 도덕성회복을 위한 교육적 방법론으로서 체육의 정당성을 찾았다는 것을 알 수 있다. 이와 같이 서양에 있어 고대와 근대까지 체육의 행위는 도덕성을 고양하는 수단으로 인식되었으며, 따라서 체육과 도덕과의 관련성에 대하여 의문의 여지가 없음을 알 수 있다.

그렇다면 동양은 어떠한가? 동양 역시 스포츠가 도덕성을 고양하는 수단으로 여김은 물론 나아가 도덕적 완성을 이룰 수 있다는 관점에까지 확대되고 있음을 볼 수 있다. 예를 들어 '태권도'의 경우 그 이름에서 보이는 바와 같이 단순한 운동이나 수련이 아닌 '道'의 경지에서 정의되고 있음을 볼 수 있다.

스포츠와 도덕과의 관련성을 보다 명확히 볼 수 있는 것은 동양의 철학자들에게서 발견할 수 있다. 인도의 요가나 불교 그리고 중국의 유가나 도가 등의 경우 체육의 활동은 단순히 육체를 기르는 데에 그치지 않고 심신일원론(心身一元論)적 차원에서 육체와 정신의 조화 나아가 도덕의 완성(德)을 향한 행위로 파악하고 있다.[10] 동양철학은 그 구조에 있어서

---

8) E. Meinebrg, ***Die Moral im Sport***, 1989:28. (김종우・박형윤・박현우(1995), 「스포츠 도덕률의 문제점과 대안적 참조」, 『스포츠 과학연구』 12, 전남대 스포츠과학연구소, 2. 재인용.)

9) D.P Coubertin, ***Der Olympishche Gedanke, Carl Diem Institute***, 1967:22. (김종우・박형윤・박현우(1995), 2. 재인용.)

10) 이 문제에 관하여는 이진수가 『한국체육사』에서 자세히 밝혀놓고 있다. 동양철학에

본체론·인성론·수양론으로 되어 있다. 우주의 생성과 궁극적인 도(道)의 움직임을 파악하는 것이 본체론이라면, 인간의 심성의 구조를 파악하는 것이 심성론이다. 우주자연의 운행원리와 인간의 심성이 근본적으로 일치한다는 천인합일(天人合一) 사상에 입각하여 우주론인 리기(理氣)의 문제와 심성론인 사단칠정(四端七情)의 문제가 주자학의 큰 관심이었다. 그리고 수양론이란 각자의 철학자들이 제시한 본체론과 인성론에 맞추어 수양을 하는 방법을 제시한 것이다.[11] 이러한 구조에서 보면 체육활동은 수양론의 범주로 이해될 수 있으며, 이러한 수양론은 결국 본체론 및 인성론 등과 유기적인 관련성을 가지고 있다는 점에서 체육활동이 필연적으로 도덕성의 함양과 관련되어지는 것이다.

예를 들어 퇴계의 경 사상(敬思想) 속에 담겨 있는 심신관(心身觀)을 보면, 퇴계가 추구하는 최고의 덕목(德目)인 경(敬)의 완성을 위한 하나의 이치로서 심신(心身)을 파악하였으며 경의 구체적인 실천방법으로는 거경(居敬)과 궁리(窮理)를 제시하고 있다. 이때 거경(居敬)은 실천적 활동이라 할 수 있으며 궁리는 이론적 목표라고 말할 수 있다. 거경과 궁리는 상호 병진[互進]하여 경에 이를 수 있기에 상보적인 관계로서 심신의 개발과 연관되는 중요한 사상적 근거가 된다.[12]

이와 같이 동양과 서양을 막론하고 체육활동이나 스포츠 활동에 있어

있어서 정확히 체육철학적인 요소가 무엇인가에 대한 학문적 논의가 아직 체육학계에서 엄밀하지는 않지만, 이진수가 제시한 바와 같이 동양에서의 체육의 의미는 분명 몸의 움직임이 인간의 심성과 일치하려 하고 있으며, 나아가 우주의 궁극적인 도(道)와 합일하려는 데에 있다는 점에서 몸의 움직임과 수신(修身)이 결국 도덕성을 내재하고 있다는 사실에는 필자도 공감하는 바이다. 다만 근대 이전의 동양의 체육을 어떻게 규정해야할 것인가 하는 문제는 앞으로의 과제라 생각한다.(이진수(2001), 위의 책, 31-48. 참조할 것)

11) 이 문제에 관하여 자세히 밝혀 놓은 책은 한국동양철학회 편의『동양철학의 본체론과 인성론』이다. 자세한 내용은 이 책을 참조하기 바란다.

12) 한성우(2000),「퇴계의 체육교육사상에 관한 연구」, 상지대 교육대학원 석사논문, 39.

서 도덕성의 문제는 그 활동 속에 내재되어 있었으며, 체육철학의 본질이 도덕과 무관하지 않았음을 알 수 있다. 특히 근대 올림픽을 창시한 쿠베르탱이 진정한 스포츠의 활성화를 위해서는 스포츠맨십의 고양, 아마추어리즘의 확산, 페어플레이 정신 등의 함양 등을 강조하고 있는 것은 체육학계에 있는 우리들이 주목해야할 것으로 보여 진다. 즉 현대 한국사회의 스포츠계에 나타나는 도덕성의 부재 현상은 경쟁과 승리의 신화에 가려진 어쩔 수 없는 현상으로 방치되어서는 안 될 것이다. 만약 스포츠 활동이 인간의 보편적인 가치를 등한시하고 상업주의와 오락의 측면으로 격하된다면 일반인들에게 심한 냉대와 외면을 가져올 수밖에 없기 때문이다.

4. 한국스포츠계의 도덕성 회복방안 및 스포츠 윤리학의 과제

한국의 스포츠는 현대인의 생활과 밀접한 관련성을 맺고 있다. 국가와 기업의 이미지를 세계에 알리는 데에 스포츠가 일익을 담당하고 있는가 하면, 일반인을 대상으로 하는 생활체육의 범위도 전 국민적으로 확대되고 있다. 따라서 한국 스포츠계가 자체 내의 도덕적인 정당성과 도덕성을 회복해야만 한다. 이러한 문제는 구호나 당위성의 문제가 아니라 진지한 학문적인 검토와 더불어 구체적인 방안을 마련하고 이를 현장에 적용할 수 있는 실천의 문제라 하겠다.

우리사회에 있어 스포츠현장에서 나타나는 많은 비도덕적인 행위에 대한 일상적인 대응방식은 매스컴에 의한 일시적인 보도와 이에 대한 일반인들의 일시적인 흥분 그리고 이후의 무관심의 반복이다. 어쩌면 체육계의 진지한 검토와 학문적 논의가 부재한 것이 더 큰 문제 일 수 있다. 학문적으로 스포츠윤리의 문제는 체육철학의 주요 분야이며 따라서 체육철학 전공자들의 학문적인 담론과 그 결과가 체육정책에 반영되는 과정이 절실히 필요하지만, 우리의 현실은 그러한 풍토가 아니다. 따라서 현대 우리사회의 눈부신 스포츠의 발전과 더불어 시급히 해결되어야 할 것이 바로 체육철학의 정립이라고 보여 진다.

한국 사회의 스포츠현실에서 스포츠와 도덕성의 문제가 주요한 관심사로 떠오르지 못한 이면에는 급격한 사회변화에 따른 세태를 반영하고 있는 측면이 있다. 즉 산업사회의 정점으로 치닫는 현대사회에서는 업적 · 생산 · 합리성 · 성공 등이 지배적인 이념으로 등장하면서 사회적 가치를 변화시키게 되고, 변화된 사회가치들이 행동규범을 바꾸어 놓기 때문이다. 스포츠세계에 있어서도 놀이로서의 스포츠는 감소되면서 경쟁, 성공, 업적 등이 우선적인 가치로 삼는 운동경기로서의 스포츠가 스포츠세계를 지배하는 세력으로 등장하게 된 것이다. 운동경기로서의 스포츠는 승리와 업적을 제일의 가치로 삼으면서 금전적인 이익도 중요한 목적으로 삼게 되었으며, 새로운 스포츠 세계에서 나타나는 다양한 행동들은 전통적인 도덕적 가치로 정의하기가 어렵게 된 점이 있게 된 것이다. 현대의 스포츠도덕을 말할 때는 이러한 현대의 스포츠 현실에 맞는 스포츠 도덕률 또는 행동양식을 제시해야 하는 어려움이 따르게 된다.

그러나 앞서 언급한 우리사회의 스포츠 현실은 현대의 변화된 현실을 반영하더라도 많은 문제점을 안고 있다. 폭력과 부정을 서슴지 않는 스포츠인의 자질문제, 그리고 가장 중요하게 다루어야 인간의 생명을 경시하는 승리지상주의, 일 개인에 의하여 재력과 정치적 힘을 동원한 스포츠계의 독단적 운영 등의 모습들은 하루 빨리 치유되어야 할 문제라고 생각한다. 스포츠를 통하여 경제적인 부를 획득하려는 프로 선수들의 모습이 문제라기보다, 그러한 선수들을 이용하여 자신의 배를 불리고 선수들을 노예처럼 부리는 자들의 비인간적인 행태들을 오히려 윤리학적인 중심문제로 다루어야 할 것이다.

그러면 현대 한국 스포츠계의 도덕성 회복을 위한 스포츠윤리학의 과제는 무엇인가? 이에 관한 몇 가지의 의견을 피력하고자 한다.

첫째, 체육학계 내에서 스포츠에 대한 근원적인 물음이 제기되어야 한다고 본다. 인간의 신체적 행위 즉 몸의 움직임에 대한 중요성과 의미성을 밝히고 이의 중요성을 우리사회에 알리는 역할을 해야 한다고 본다. 체육이 몸만 단련하는 것이 아닌 몸과 영혼, 즉 전(全) 인간적인 면을 개발하는 것 이라점을 부각시켜야 한다.13)

둘째, 현대 스포츠계의 흐름에 대한 철학적 반성이 있어야 한다고 본다. 우리사회는 근대의 과정에서 서구화되었으며, 이후 현대로 넘어오면서 자본주의의 상업적, 실용적 가치가 우선적인 가치로 등장하였다. 이러한 움직임은 스포츠의 흐름에 있어서도 마찬가지이다. 기존의 동양적 전통사회에 있었던 우리의 체육의 행위는 심신(心身)의 수양적인 측면과 긴장과 화해의 축제의 마당이었다면, 현대 서구로부터 유입된 스포츠는 경쟁과 승리의 갈등적인 요소가 주를 이루고 있다. 이제 우리는 이러한 서구의 스포츠의 가치에 대한 반성과 함께 전통적인 우리의 체육철학적인 수신과 조화의 가치를 수용할 필요가 있다고 생각한다.14)

셋째, 개인윤리와 사회윤리의 균형적인 검토가 있어야 한다. 스포츠의 도덕성의 문제를 접근함에 스포츠인 개인의 윤리의식이 고양되어야 하지만 그에 못지않게 사회윤리에 대한 접근을 시도해야 한다는 말이다.

이에 대하여 주목되는 연구로는 이학준의 『스포츠와 사회윤리』를 들

---

13) C.A. 반퍼슨지음, 손봉호옮김, 『몸 · 영혼 · 정신』은 이에 대한 문제의식을 가지고 있다. 참조하기 바람.

14) 이러한 문제의식은 최근들어 체육학계의 중요한 이슈로 떠올라있다 이진수의 『한국체육사상사』, 이학래의 『한국체육사연구』의 단행본이 나온 것은 대표적인 학문적 성과이며 동양철학자의 체육사상에 대한 많은 연구업적이 나오고 있는 것도 이러한 문제의식의 출발이라고 생각한다.

수 있다. 이학준은 현대스포츠의 도덕성 회복방안을 제시하면서 개인 윤리적 접근방식으로 기능 위주의 사고, 아마추어리즘의 문제, 인간중심주의 세계관과 생태계 문제, 학생 운동선수들의 인간성 상실, 현상과 결과로서 승리지상주의를 언급하고 있다.[15] 다음으로 사회윤리학적으로 접근할 수 있는 항목으로 대학입학 특기자제도, 선수보호정책의 문제, 스포츠 시설과 생태문제, 상벌제도의 한계, 미디어스포츠 문제 등을 언급하고 있다.[16] 이와 같이 스포츠계의 도덕성 회복방안을 개인의 문제가 아닌 사회적 구조적으로 접근하는 방식은 바람직한 것으로 생각한다.

넷째, 현대사회에 맞는 스포츠 도덕률을 제시해야 한다. 스포츠 도덕성을 회복하기 위해서는 무엇보다도 시대의 변화에 맞는 도덕적 규범을 만들어 내는 것이 중요하다. 이에 대한 문제제기는 김종우 · 박형윤 · 박현우의 「스포츠 도덕률의 문제점과 대안적 참조」에서 제기하고 있다. 이 논문에서는 실천적 스포츠 도덕률 형성이 필요하다는 점을 제기하면서 '하나의 응용윤리학으로서의 고유한 구조 형성, 공존적 사고방식에서의 윤리적 논의, 당위에서 자연적 의무에로' 등의 문제를 언급하고 있다.[17]

앞으로 스포츠 윤리학은 스포츠의 다양한 영역에 있어서 구체적으로 적용될 수 있는 새로운 실천규범을 만들어 내는데 노력해야 할 것이다.

다섯째, 생활체육의 확산으로 경쟁중심의 스포츠에서 즐거움과 축제중심의 스포츠로 변화를 모색해야 한다. 현대인의 가장 큰 관심의 하나가 건강과 생활체육이다. 이제 스포츠는 관람하는 것이 아닌 누구나 참여하고 즐기는 것으로 변화하고 있다. 따라서 스포츠의 이념에 있어서도 경쟁과 승리가 아닌 즐거움과 화합의 이념이 강조되어야 할 것이다. 이러한

---

15) 이학준(2003.), 『스포츠의 사회윤리』, 서울 : 북스힐, 41-82.

16) 이학준(2003.), 『스포츠의 사회윤리』, 서울 : 북스힐, 83-133.

17) 김종우 · 박형윤 · 박현우(1995), 「스포츠 도덕률의 문제점과 대안적 참조」, 『스포츠과학연구』 12, 전남대 스포츠과학연구소, 12-13.

변화를 통하여 스포츠 자체의 도덕성을 자연스럽게 살려야 한다고 보여진다.

여섯째, 체육교육에 체육철학적인 면이 강조되도록 해야 한다. 현재 체육교육은 특히 유치원과 초등학교의 중심과목으로 설정되어 있다. 이는 물론 체육을 통한 교육적 효과가 그만큼 지대하다는 것이 교육학적인 입장에서 입증되었기 때문이다. 스포츠의 도덕성이 우리 사회에 정착되기 위해서는 이러한 체육교육에 있어 철학적인 면이 많이 반영되어야 한다고 본다. 인간의 몸의 움직임, 몸과 정신과 영혼과의 관계 등에 대한 종합적인 이해를 어린 시절부터 갖게 하여 인간에 대한 종합적인 이해와 사랑이 가능하도록 교육해야 한다고 본다.

일곱째, 체육계의 민주적 운영을 위한 제도적 장치가 마련되어야 한다. 우리 사회에서 체육활동이 정당한 평가를 받기 위해서는 스포츠의 제도와 운영이 민주적이고 인간적으로 운영되어야만 한다. 앞서 언급한 김원용 위원의 사건과 현대판 노예로 불리어지는 스포츠선수들에 대한 비인격적인 훈련과정 및 계약과정 등은 하루 빨리 고쳐져야 한다고 생각한다. 이를 위하여 체육계의 종사자들이 각고의 노력을 기울여야 하며, 법적 제도적 장치가 마련되어야 한다고 생각한다.

이상으로 제시한 몇 가지 문제 외에도 체육계와 체육학계가 풀어야할 과제가 많이 있다고 생각한다. 다만 본고에서 문제 삼고자 하는 것은 아직도 학문적으로 개척해야 할 분야인 체육철학의 관점에서 그리고 체육철학의 한분야인 스포츠윤리학의 관점에서 현재 우리 스포츠 현실에서 발생하고 있는 문제에 대하여 관심을 기울여야 한다는 것이며, 그러한 이론적인 작업을 시도하고 있는 것이다.

5. 결론

인류의 탄생과 더불어 스포츠는 시작되었다. 인간이 몸을 움직이는 것은 가장 자연스럽고 인간적인 행위이다. 그것은 본능이자 즐거움이다. 몸이란 단순히 몸이 아니라 영혼을 간직한 몸이기에 인간이 몸을 움직인다는 행위는 그 자체에 도덕성을 내재하고 있는 것이다. 도덕적이지 않은 몸의 놀림이 어쩌면 부자연스런 모습이고, 그 부자연스러움을 회복하는 것이 바로 인간이 인간답게 되기 위한 자연스런 몸부림이라 할 것이다.

본고의 문제의식은 작금의 우리 스포츠계에서 발생하고 있는 도덕성 부재현상에 대해 주목하고 이를 체육철학의 한 분야인 스포츠윤리학적 관점에서 어떻게 바라보아야 하는 지에 관한 것이다. 우선 한국스포츠계의 비도덕적인 현상을 나열하고 그 원인을 진단하였다. 다음으로 스포츠와 도덕성의 상호관련성에 대해 문제를 제기한 후, 서양과 동양의 철학자들에게서 나타나는 체육철학적인 사상 들 간에 상호 관련성이 있음을 밝혔다. 마지막으로 현대 한국스포츠계의 도덕성 회복을 위한 학문적 검토의 필요성과 이와 관련된 논자의 견해를 피력하였다.

스포츠는 근본적으로 몸의 활동에 의하여 말해져야 한다고 생각한다. 따라서 스포츠는 근본적으로 도덕으로부터 자유로워 져야 한다고 생각한다. 인간으로서 가장 자연스러운 몸놀림이 곧 스포츠가 추구하는 이상이라고 생각한다. 그러나 그런 자연스러움 속에는 도덕성이 녹아 있어야 한다고 생각한다. 왜냐하면 스포츠는 인간이 하는 것이며, 인간적인 몸놀림이기 때문이다. 스포츠의 도덕성 부재에 대하여 우리가 가슴아파하는 이유도 마찬가지라 생각한다.

참고문헌

김대식 · 김영환 · 신현균(2001), 『체육철학』, 서울 : 나남출판.

이진수(2001), 『한국체육사상사』, 서울 : 한양대학교출판부.

이천희(1996), 『스포츠의 철학적 탐구』, 서울 : 고려대학교출판부.

이학래(2003), 『한국체육사연구』, 서울 : 국학자료집.

이학준(2003), 『우리 스포츠철학의 길』, 서울 : 북스힐,

이학준(2003.), 『스포츠의 사회윤리』, 서울 : 북스힐,

한국동양철학회편(1990), 『동양철학의 본체론과 인성론』, 연세대학교출판부.

C. A. 반퍼슨 지음, 손봉호 옮김(1997), 『몸 · 영혼 · 정신』, 서울 : 서광사.

죤 호스퍼스 지음, 최용철 옮김(1996), 『인간 행위의 탐구』, 서울 : 지성의 샘.

박찬희(1990), 「스포츠의 도덕성에 관한 연구」, 성균관대 석사학위논문.

김종우 · 박형윤 · 박현우(1995), 「스포츠 도덕률의 문제점과 대안적 참조」, 『스포츠 과학연구』 12, 전남대 스포츠과학연구소.

선병기(1995), 「도덕성회복을 위한 스포츠의 역할」, 『국민체육진흥세미나』 14, 한국체육학회.

이천희(1995), 「스포츠 현장에서의 윤리와 도덕교육」, 『한국체육철학회지』 3(2), 한국체육철학회.

이학준 · 이천희(19197), 「Sportsmanship 거듭나기- 사회윤리학적 접근」, 『한국체육철학회지』 5(2), 한국체육철학회.

이학준(2002), 「한국스포츠철학사 연구」, 『한국체육철학회지』 10(2), 한국체육철학회.

한성우(2000), 「퇴계의 체육교육사상에 관한 연구」, 상지대 교육대학원 석사논문.

이정학(2002), 「실용주의 체육사상에 관한 연구 : 존 듀이를 중심으로」, 『한국체육철학회지』 10(2), 한국체육철학회.

남중웅(2002), 「스포츠윤리의 사회윤리학적 인식과 접근방법에 관한 연구」,

『한국체육철회지』 41(5), 한국체육학회.
이정식·권오륜·남중웅(2001), 「스포츠 윤리에서 책임성 문제」, 『한국체육철학회지』 9(2), 한국체육철학회.
이준수(1996), 「환경의 스포츠 윤리학적 고찰」, 『한국체육학회 34회 학술발표 논문집』, 한국체육학회.
Sharon Kay Stoll, Ph. D(1995), 「Sports Ethics」, 『한국체육철학회지』 3(2), 한국체육철학회.

원불교 영육쌍전의 체육철학적 담론*

1. 시작하며

체육학과 철학의 영역은 다르다. 체육이 신체의 활동을 다루고 있다면 철학은 존재와 인식 그리고 가치와 미적 영역을 대상으로 한다. 이러한 체육학과 철학의 영역이 혼합된 체육철학은 철학적 연구방법론을 체육과 스포츠의 영역에 접목시킨 것이다. 체육과 스포츠 활동에 대한 이유와 의미 그리고 그 가치를 규명한다는 점에서 체육철학은 체육학의 중요한 학문분야로 자리 잡고 있다.

오현택·정응근은 체육철학의 철학함에 대하여 사변적 활동, 규범적 활동, 분석적 활동으로 나누어 설명한 바 있다. 또 철학적 활동이란 "이미 완성되어 있는 철학이 아니라 철학을 만들어 가는 활동이며, 기존의 사상에 대해 비판하는 태도를 취하면서 스스로 주권적으로 사고하는 것을 말한다."[1]고 정의한다. 그런데 철학의 영역이 크게 서양철학과 동양철학으로 나뉘어 있고, 그 방법론에 있어서 차이를 보이고 있는 것이 철학계의

※ 본 논문은 원광대학교 원불교사상연구원에서 2009년에 발간한 『원불교사상과 종교문화』 42권 101-128쪽에 실린 논문이다.

1) 오현택·정응근(2006), 「철학함으로서의 체육철학」, 『한국체육학회지』 45, 한국체육학회, 61.

일반적인 풍조이다. 서양철학이 분석적 비판적이라면, 동양철학은 직관적・심성론적 특징을 지닌다고 할 수 있다.

원불교는 1916년 소태산 박중빈의 대각(大覺)에 의하여 창교된 종교로서 현재 한국사회에 지대한 영향을 미치는 종교로 성장하였다. 원불교는 종교학적으로 철학적으로 깊은 사상성을 농축하고 있어 이미 학계에서 수많은 담론이 있어왔다. 그럼에도 불구하고 체육철학의 영역에 있어서 원불교사상에 대한 접근은 그동안 미약한 수준에 머무르고 있다. 따라서 본고에서는 체육철학의 관점에서 원불교사상을 살펴보고 그 교육학적 가치에 대하여 조망하고자 한다.

주지하다시피 원불교는 일찍이 교육 사업에 뜻을 두어 많은 종립학교를 가지고 있으며, 그 중에서도 원광대학교는 원불교의 이념을 통하여 수많은 인재를 양성해 왔다. 체육의 분야에 있어서도 원광대학교는 세계적인 명성을 나타내고 있다. 배드민턴의 김문수와 김동문, 복싱의 신준섭, 핸드볼의 손미나와 임미경 등은 원광대 출신의 올림픽 금메달 수상자들이다.[2] 이외에도 원광대 출신의 수많은 프로선수와 체육인들이 국내외에서 활동하고 있다. 원불교의 이념은 분명 이들의 마음속에 중요하게 작용하고 있을 것이다. 그럼에도 불구하고 '원불교의 체육철학이 무엇인가' 하는 문제는 아직 중요한 이슈로 떠오르지 못하고 있다.

인간의 삶은 몸의 움직임을 통하여 실현된다. 그 몸의 활동은 마음과의 연관 속에서 의미를 지닌다. 현대 스포츠가 경기와 경쟁에 주목하고 있지만, 동양전통 속에 있어서 인간의 몸은 정신과의 관계 속에 존재해왔으며 인격완성을 위한 수양의 도구로서 의미를 지녀왔다. 수양은 정신수양과 육체적 수양을 병행하기 마련이다. 원불교의 영육쌍전(靈肉雙全)이야말로 이러한 동양의 체육철학의 목표를 분명히 제시하고 있다.

---

2) http://www.wonkwang.ac.kr. 원광을 빛낸 동문.

또 소태산의 단전주선과 정산의 영기질론 등은 심신(心身)의 관계와 양생(養生)의 문제 등에 대한 원불교의 입장을 분명히 드러내고 있다고 생각한다.

본고에서는 원불교사상에 나타난 체육철학적 요소가 무엇인지를 드러내고, 그것을 동양의 체육철학에서 주요하게 다루어지고 있는 심신관(心身觀) 혹은 양생사상(養生思想)의 관점에서 논의하고자 한다.[3]

2. 원불교의 심신관(心身觀)으로서 영육쌍전

동양철학은 본체론과 인성론 및 수양론의 체계로 되어 있다. 주자(朱子)의 경우 우주의 원리를 태극(太極)・리기(理氣)로 설명하고 있는데, 이것이 본체론이며, 성품을 본연지성(本然之性)과 기질지성(氣質之性)으로 나누고 있는데 이것이 인성론이며, 거경(居敬)과 성(誠) 공부 등은 수양론이라 할 수 있다. 이러한 동양철학의 범주에서 보면 신체적 활동은 마음 수양과 더불어 수양론의 영역에 속한다고 볼 수 있겠다.[4]

---

3) 체육학에 있어서 체육철학에 대한 연구는 1990년대 후반부터 이루어지고 있다. 서양철학의 경우 플라톤, 아리스토텔레스, 데카르트 등 서양철학자들의 심신관에 대한 연구물들이 주를 이루다가 최근 들어 니체, 메르로 뽕띠 등의 몸에 대한 연구가 새롭게 이루어지고 있다. 김정현의 『니체의 몸 철학』, 노양진의 「몸의 철학적 담론」, 조광제의 「몸의 세계, 세계의 몸」 등은 이러한 연구 성과라 할 수 있다. 동양철학의 경우 1997년 권오륜의 박사논문인 「양명학의 신체사상에 관한 연구」, 1998년 임병만의 박사논문인 「도가의 체육사상과 양생술 연구」가 나온 이후, 유가・불교・도가 및 도교의 양생사상과 신체관 등에 관한 논문들이 지속적으로 연구되고 있다. 이계승・이재홍의 「포박자의 양생사상에 관한 고찰」, 김부찬의 「회남자에 나타난 신체관과 양생사상」 및 「장자의 양생사상이 지닌 체육철학적 함의」, 조성균의 「도가사상이 중국 전통체육 양생학에 미친 영향」, 정재환의 「하곡 정제두의 신체사상」, 강유원의 「소학에 나타난 몸에 대한 의미와 체육교육」 등 다양한 연구가 이루어지고 있다. 다만 체육철학 적 관점에서 원불교를 대상으로 한 연구가 이루어지고 있지 않아 본 연구를 시도한 것이다.

4) 김부찬(2007), 「유교・불교・도교의 체육철학적 특성 비교」, 『한국체육학회지』 46, 한

본체론과 심성론의 합일은 인가이 우주의 도(道)와 합일되는 경지로서 동양철학의 목표이다. 그리고 그 구체적인 실천 방안이 수양론이다. 원불교의 경우 우주의 본원이자 제불조사의 심인(心印)을 일원상진리로 표현하고 있는데, 이것이 바로 본체론과 심성론이 합일된 경지를 의미한다고 볼 수 있다. 원불교의 수양론은 원불교 정전에서 수행편으로 정리되어 있다. 수행편에서 일상수행, 정기훈련, 상시훈련, 염불, 좌선, 의두, 일기, 무시선, 참회, 심고, 불공, 계율 등과 더불어 영육쌍전(靈肉雙全)이 있다.[5]

'인간의 몸과 마음과의 관계를 어떻게 보는가?' 하는 문제는 심신관의 문제로서 체육철학의 주요한 관심 영역이다. 『원불교 정전』에서는 영육쌍전법에 대하여 다음과 같이 정의하고 있다.

> 과거에는 세간생활을 하고 보면 수도인이 아니라 하므로 수도인 가운데 직업 없이 놀고먹는 폐풍이 치성하여 개인 가정 사회 국가에 해독이 많이 미쳐 왔으나, 이제부터는 묵은 세상을 새 세상으로 건설하게 되므로 새 세상의 종교는 수도와 생활이 둘이 아닌 산 종교라야 할 것이니라. 그러므로 우리는 제불조사 정전(正傳)의 심인인 법신불 일원상의 진리와 수양 연구 취사의 삼학으로써 의식주를 얻고 의식주와 삼학으로써 그 진리를 얻어 영육을 쌍전하여 개인 가정 사회 국가에 도움이 되게 하자는 것이니라.

위의 내용에서 보는 바와 같이 영육쌍전은 소태산 박중빈이 '수도'와'생활'을 병행하는 종교가 새로운 시대의 바람직한 종교의 모습임을 천명하고 있는 내용이다. 소태산은 묵은 세상과 새 세상을 나누고 그 삶의 방식에 대하여 말하고 있다. 과거의 수도인들은 수도만 하고 육체적인 노동을

국체육학회, 59-60.

5) 원불교정화사(1999), 『원불교전서』, 「정전」 제3 수행편, 원불교출판사.(이하 『원불교전서』)

하지 않았으나 새로운 세상의 수도인들은 수도와 생활을 둘로 나누지 않고 수도 속에서 생활하고, 생활 속에서 수도하는 중도(中道)의 생활을 해야 함을 말하고 있다.[6)]

여기에서 소태산은 영육쌍전을 수도와 생활로 바꾸어 놓고 있다. 다시 영(靈)은 법신불일원상의 진리와 삼학으로, 육(肉)은 의식주로 바꾸어 놓고 있다. 언뜻 체육철학에서 문제 삼는 마음과 육체의 문제가 아닌 것처럼 비추어진다. 그러나 소태산이 말하는 영육쌍전은 마음과 육체라는 심신(心身)의 문제에 대한 종교적 확장의 성격이 강하다.

박은주는 영육쌍전의 의미를 세 가지로 밝힌 바 있다. 즉 "첫째, 수도의 입장에서 심성수양(心性修養)과 기질수양(氣質修養)의 쌍전을 의미한다. 둘째, 공부와 사업 즉 정신력과 경제력의 쌍전을 의미한다. 셋째, 도덕문명과 정신문명의 쌍전을 의미한다."[7)]라 하고 있다. 이중 심성수양과 기질수양으로 본 것은 영과 육의 문제를 마음과 육체의 문제로 바라볼 수 있음을 말하고 있는 것이다. 또 『대종경』「교의품」에서 소태산 박중빈은 영(靈)의 문제를 삼학(三學)으로, 육(肉)의 문제를 의식주의 문제로 설명하고 있다.

> 우리 공부의 삼학(三學)은 우리의 정신을 단련하여 원만한 인격을 이루는 데에 가장 필요한 법이며, 잠간도 떠날 수 없는 법이니, 예를 들면 육신에 대한 의・식・주(衣食住) 삼건(三件)과 다름이 없다 하노라. 즉, 우리의 육신이 이 세상에 나오면 먹고 입고 거처할 집이 있어야 하나니, 만일 한 가지라도 없으면 우리의 생활에 결함이 있게 될 것이요, 우리의 정신에는 수양 연구 취사의 세 가지 힘이 있어야 살 수 있나니, 만일 한 가지라도 부족하다면 모든 일을 원만히 이룰 수 없나니라.[8)]

---

6) 한종만(2001), 「영육쌍전 연구」, 『원불교사상』 25, 원광대 원불교사상연구원, 177.
7) 박은주(2000), 「원불교의 영육쌍전 일고찰」, 『원불교사상』 24, 원광대 원불교사상연구원, 218-219.

소태산은 육신은 의・식・주를 통하여 지탱되고 정신은 수양・연구・취사의 세 가지 힘이 있어야 살 수 있음을 대비하고 있다. 이러한 육신과 정신은 둘 다 갖추어져야 인간다운 인간이 될 수 있다. 어느 한 쪽에 편벽되거나 어느 한 쪽이 결여된다면 온전한 인간이 될 수 없다. 그러기에 영육쌍전을 주장하는 것이며, 이는 심신일여(心身一如)의 입장에 있음을 말하는 것이다

3. 소태산 박중빈의 단전주선

원불교의 교리도를 보면 원불교의 목적은 "정각정행(正覺正行)・지은보은(知恩報恩)・불법활용(佛法活用)・무아봉공(無我奉公)[9]의 16자로 압축된다. 또 원불교는 신앙과 수행을 통하여 일원상의 진리를 깨닫는 것이 목적이다. 이는 소태산 박중빈의 대각(大覺)의 경지를 본받아서 가장 이상적인 인간에 도달하려는 원불교 신앙공동체의 자연스러운 움직임이라 할 수 있다.

'몸의 움직임'을 기초로 하는 체육학은 분명 영적 자각을 목표로 하는 종교적 행위와 그 목표가 다를 수밖에 없다. 그럼에도 불구하고 진리에 대한 깨달음은 마음을 통하여 이루어지고 그 마음의 수양은 몸의 수양과 더불어 진행될 수밖에 없다는 점에서 종교 행위와 체육 행위는 그 연결고리를 찾을 수 있다. 정신과 육체를 함께 온전히 하여 이상적인 인간이 되고자 영육쌍전(靈肉雙全)을 주장하고 있는 원불교에 있어서는 더더욱 그 연결고리가 많이 있다.

---

8) 『원불교전서』, 『대종경』, 「제2 교의품」 18장.

9) 『원불교전서』, 「교리도」.

① 부모가 있으므로 만사(萬事) 만리(萬理)의 근본 되는 이 몸을 얻게 됨이요.
② 모든 사랑을 이에 다하사 온갖 수고를 잊으시고 자력을 얻을 때까지 양육하고 보호하여 주심이요.[10)]

위의 내용은『정전』, 제 2절 부모은 중의 '부모 피은의 조목' 의 내용이다. 여기에서 '몸이란 만사 만리의 근본이 되는 것'으로 정의되어 있다. 또 부모의 은혜란 바로 '그러한 몸의 자력을 얻을 때까지 양육하고 보호해 준 것' 으로 밝히고 있다. 이처럼 원불교에서 몸은 인간이 인간으로서 존재하게 되는 근간이 되는 것으로 이해하고 있음을 볼 수 있다.

물론 인간은 이러한 몸과 함께 마음이 있어야 인간다움을 갖출 수 있다. 몸과 마음을 함께 닦는 방법으로 주목되는 수행법이 바로 선(禪)수행이다. 중국의 선(禪)은 인도로부터 중국에 온 보리 달마(菩提達磨)에 의하여 시작되어 육조 혜능(六祖惠能) 대에 이르러 선종(禪宗)이라는 하나의 종파로 꽃을 피우게 되었다. 교외별전(敎外別傳)・불립문자(不立文字)・직지인심(直指人心)・견성성불(見性成佛)의 종지를 표방한 선(禪)은 나말여초 우리나라에 들어와서 불교의 주요한 수행법으로 정착하였다. 원불교의 수행법에 있어서도 선은 중요한 요소의 하나이다.『정전』,「좌선의 요지」에는 좌선의 방법에 대하여 이렇게 밝히고 있다.

대범, 좌선(坐禪)이라 함은 마음에 있어 망념(妄念)을 쉬고 진성(眞性)을 나타내는 공부이며, 몸에 있어 화기(火氣)를 내리게 하고 수기(水氣)를 오르게 하는 방법이니, 망념이 쉰 즉 수기가 오르고 수기가 오른 즉 망념이 쉬어서 몸과 마음이 한결같으며 정신과 기운이 상쾌하리라. 그러나 만일 망념이 쉬지 아니한즉 불기운이 항상 위로 올라서 온 몸의 수기를 태우고 정신의 광명을 덮을지니, 사람의 몸 운전하는 것이 마치

10)『원불교전서』,『정전』, 제2장 제2절 부모은, 부모 피은의 조목.

저 기계와 같아서 수화(水火)의 기운이 아니고는 도저히 한 손가락도 움직이지 못할 것인 바, 사람의 육근 기관이 모두 머리에 있으므로 볼 때나 들을 때나 생각한 때에 그 육근을 운전해 쓰면 온 몸의 화기가 자연히 머리로 집중되어 온 몸의 수기를 조리고 태우는 것이 마치 저 등불을 켜면 기름이 닳는 것과 같나니라.[11]

위의 '좌선의 요지'에서는 인간을 몸과 마음으로 구별하나 그 연관성을 인정한 후에 몸에 있어서의 방법과 마음에 있어서의 방법을 말하고 있어서, 마음과 몸의 관계를 인정하고 마음과 몸을 동시에 닦아야 함을 말하고 있다.[12] 마음에 있어서 망념을 쉬게 되면 몸에 있어서 수승화강(水昇火降)이 일어나 정신과 기운이 함께 닦아지는 원리를 밝히고 있는 것이다.

원불교 선수행의 특징에 대하여 한기두는 삼학(三學)을 병진하는 선이며, 정(靜)할 때는 좌선법(坐禪法)을 동(動)할 때는 무시선법(無時禪法)을 제시하여 모두가 일상생활 속에서 실천할 수 있는 선법이라고 밝히고 있다.[13] 또 김은종은 원불교선의 수행체계에 대하여 "유사(有事)·무사(無事)의 관점에서 볼 때는 일이 있을 때에는 불의를 제거하고 정의를 양성하며, 일이 없을 때에는 잡념을 제거하고 일심을 양성하는 것으로 체를 삼아 삼학을 병진하는 것이다. 동정(動靜)을 중심으로 볼 때에는 동할 때에는 모든 경계를 보아 취사하는 주의심을 주도 하여 삼대력을 아울러 얻어 나가고, 정할 때는 수양과 연구를 주로 하여 삼학을 얻어 나아가는 것이다."[14] 라고 밝히고 있다. 그런데 체육철학적 관점에서 주목되는 원

---

11) 『원불교전서』, 『정전』, 제4장 좌선법, 1. 좌선의 요지.

12) 박은주(2000), 「원불교의 영육쌍전 일고찰」, 『원불교사상』 24, 원광대 원불교사상연구원, 241.

13) 한기두(1997), 「원불교 선수행의 특징에 대한 연구」, 『원불학』 2, 한국원불교학회.

14) 김은종(2002), 「원불교선의 수행체계」 『원불교사상』 26, 원광대학교 원불교사상연구

불교선의 특징은 단전주선(丹田住禪)에 있다고 생각한다.

> 대범, 좌선이라 함은 마음을 일경(一境)에 주하여 모든 생각을 제거함이 예로부터 통례이니, 그러므로 각각 그 주장과 방편을 따라 그 주하는 법이 실로 많으나, 마음을 머리나 외경에 주한즉 생각이 동하고 기운이 올라 안정이 잘 되지 아니하고, 마음을 단전(丹田)에 주한즉 생각이 잘 동하지 아니하고 기운도 잘 내리게 되어 안정을 쉽게 얻나니라.
>
> 또한, 이 단전주는 좌선에만 긴요할 뿐 아니라 위생상으로도 극히 긴요한 법이라, 마음을 단전에 주(住)하고 옥지(玉池)에서 나는 물을 많이 삼켜 내리면 수화(水火)가 잘 조화되어 몸에 병고가 감소되고 얼굴이 윤활해지며 원기(元氣)가 충실해지고 심단(心丹)이 되어 능히 수명을 안보하나니, 이 법은 선정(禪定)상으로나 위생상으로나 실로 일거양득하는 법이니라.[15]

흔히 선을 마음공부로 이해한다. 마음의 하나의 대상[一境]에 머무르고 모든 잡념을 제거하는 것이 좌선이다. 문제는 '그 마음을 어디에 집중시킬 것인가?' 하는 것이다. 위의 '단전주의 필요'에서 소태산은 마음을 단전에 집중시킬 것을 말한다. 단전은 사실 도교의 수련법이다. 도교에서 단전에 대하여 사람의 몸에 상단전·중단전·하단전의 삼단전이 있음을 주장하였고, 이를 구체적으로 밝힌 책은 갈홍(葛洪)의 『포박자(抱朴子)』이다.

> 대개 배꼽 아래 두 치 네 푼에 있는 것이 하단전이다. 대개 심장 아래 봉궁(鋒宮)·금궐(金闕)에 있는 것은 중단전이다. 대개 사람의 양 눈썹 사이의 한 치가 명당(明堂)이 되며, 두 치가 동방(洞房)이 되며, 세 치가 상단전이다.[16]

원. 104.

15) 『원불교전서』, 『정전』, 제3 수행편, 제4장 좌선법, 4.단전주의 필요.

원불교의 단전주선은 갈홍이 말한 삼단전 중 하단전에 마음을 집중시키는 것을 말한다. 즉 마음을 하단전에 집중하고 참선하는 가운데 입에 침(玉池)이 고이면 이것을 삼키는데, 이러한 작용을 통하여 수승화강이 일어나고 이를 통하여 건강도 유지하고 참선을 잘 할 수 있다는 것이다. 최광현은 이러한 단전주선의 성격을 다음과 같이 말하고 있다.

> 원불교 단전주선은 내정정(內靜定)과 외정정(外靜定) 또는 정기훈련과 상시훈련이라는 특징적 교리구조를 바탕으로 하였으며, 이는 상시훈련과 외정정으로 보완되고 실천되어야 할 또 하나의 장을 동반하는 정선(靜禪)이라는 점이다. 즉 원불교의 선은 내정정과 외정정, 내수양과 외수양의 병진을 통하여 동정일여의 선을 그 목표로 하기 때문에 단전주법은 그 자체의 심신일치적 관점을 통해 원불교 수행법의 특징인 내, 외 병진성에 맞는 구조적 특성으로 이해된다. 즉 단전주는 심단(心丹)과 기단(氣丹)을 아울러 얻을 수 있다.[17]

최광현의 주장처럼 원불교 단전주선은 동할 때나 정할 때 어느 때나 수행을 할 수 있는 동정일여, 내외병진의 구조를 가지를 가지고 있다. 그리고 중요한 점은 마음과 몸을 함께 닦을 수 있는 심신일여의 구조를 지니고 있고, 심단과 기단을 아울러 얻을 수 있다는 점이다. 이러한 점이 체육철학의 관점에서 중시되는 점이다.

원불교의 단전주선은 마음을 깨닫기 위한 방법으로 시행되는 가운데 몸의 건강과 자유를 함께 얻는 것이지만, 체육철학의 입장은 몸의 움직임을 통하여 마음의 자유를 획득하는 방법이라 할 수 있다. 그러나 몸과 마

---

16) 葛洪,『抱朴子』, 內篇, 권18 地眞.(胡道靜外(1989),『道藏要籍選刊』권5, 上海古籍出版社, 248.

17) 최광현(1999),「원불교 단전주선의 성격에 관한 연구」,『원불교학』4, 한국원불교학회, 77.

음이 둘이 아닌 하나의 유기적 구조를 지니고 있다고 보면 이 둘은 다른 것일 수가 없다. 심신일여의 입장을 취하고 있는 원불교 인간관의 입장에서도 마찬가지이다.

이학준은 스포츠를 통하여 몸의 지위를 확보하는 것이 중요함을 강조한다. 즉 인식주체로서 몸의 지위를 확보하고, 몽의 주체성을 향유하기 위하여 스포츠가 필요하며, 또 도덕주체로서의 몸과 심미주체로서의 몸의 지위를 회복하는 것이 중요하다고 말한다.[18] 이러한 인식은 체육철학의 입장을 반영한 것이다. 스포츠 나아가 몸의 활동을 통하여 몸의 진정한 지위를 확보하는 것이 스포츠의 목적일 수 있다. 단전주선을 통하여 몸의 건강을 찾고 인간의 이상적인 경지인 깨달음에 도달하는 것을 강조하는 원불교의 인간이해야 말로 이러한 체육철학의 목표와 일치한다고 보여 진다.

4. 정산 송규의 영기질론

'인간이 무엇인가?' 혹은 '인간은 무엇으로 구성되어 있는가?' 하는 문제는 철학의 중심문제이다. 근대에 와서 이러한 문제는 '철학적 인간학' 이라는 하나의 학문적 분야를 탄생시켰다. '몸·영혼·정신'의 세 가지 문제에 대한 서양철학자의 인식에 대하여 조망한 C. A. 반 퍼슨의 『몸·영혼·정신-철학적 인간학 입문』[19]이란 책이 국내에 소개되어 철학계의 관심을 끌기도 하였다. 그런가 하면 동아시아에서는 '몸·마음·기(氣)' 의 세 가지 구성 요소를 통하여 인간을 규명하려는 시도가 있어 왔다. 원불교에

18) 이학준(2002), 『인간의 얼굴을 한 스포츠』, 서울 : 북스힐, 53-54.

19) C. A. 반 퍼슨 저, 손봉호 역(1985), 『몸·영혼·정신-철학적 인간학 입문』, 서울 : 서광사.

있어서도 이러한 동아시아의 전통을 계승하여 기론적인 인간이해를 시도하고 있다. 소태산 박중빈을 이어 2대 종법사가 된 정산 송규의 영기질론(靈氣質論)이 그것이다.

김낙필은 "정산종사는 우주만유의 구성요소를 영기질의 세 가지로 밝혔다. 정산의 구도과정이나 학문적 섭렵과정을 감안하면 영기질론은 일원상(一圓相) 진리에 대한 주체적 파악이 바탕이 되고 유불도 삼교의 인간관이 중요한 소재로 검토된 끝에 나온 결실이라 생각할 수 있다. 구체적으로는 성리학적 리기론(理氣論)이나 불교의 심론(心論)이 직접적인 계기가 되었다고 생각할 수 있으며, 도교의 경우 『수심정경(修心正經)』을 통해 간접적으로 도교의 인간관이나 실천수행론을 접했다고 말할 수 있다."[20] 고 밝히고 있다. 아마도 소태산이 불교적 관점에서 마음을 중심으로 몸과 마음이 하나가 된 것을 인간으로 이해하였다면 정산은 유가와 도가의 기론적 사유를 받아들여 마음을 영(靈)으로 바꾸고 이에 기(氣)와 질(質)을 합하여 '영기질'이라는 원불교의 인간이해를 시도한 것으로 보인다. 즉 유불도 삼교의 인간이해를 종합하여 원불교의 독자적인 인간 이해의 지평을 구축한 것이라 평가할 수 있다.

정산이 제시한 영기질 사상의 연원은 도가나 신종교에서 유포되어진 것으로 보이는『수심정경』류의 문헌에서 비롯된 것으로 보인다. 이에 대하여 박병수는 "『수심정경』의 영보국(靈寶局)은 정・기・신(精氣神)의 신기(神氣)를 나타내는데 이것을 송정산은 영기(靈氣)로 풀고 있다. 나아가 이 영기에 습기(習氣)와 기질(氣質)에서 착안하여 영기질로 발전시키고 있다."[21]고 주장한다.

정산은 영기질에 대하여 다음과 같이 정의한다.

---

20) 김낙필(2002),「영기질론의 사상사적 의의」,『원불교학』8, 한국원불교학회, 107-108.
21) 박병수(1997),「송정산의 수심정경 연구」,『원불교사상』21, 원광대 원불교사상연구원, 445.

> 우주 만유가 영(靈)과 기(氣)와 질(質)로 구성되어 있나니, 영은 우주 만유의 본체로서 영원불멸한 성품이며, 기는 만유의 생기로서 그 개체를 생동케 하는 힘이며, 질은 만유의 바탕으로서 형체를 이름이니라.[22)]

위에서 제시된 영기질에 관한 정의는 인간에 대한 정의라기보다는 객관적인 우주 만유 전체를 말하고 있는 것으로 보인다. 그러나 자세히 보면 객관적 우주와 인간의 두 측면에서 설명하고 있는 것이다. 즉 영에 대하여 '우주 만유의 본체'는 객관적 우주에 대한 정의이며, '영원불멸한 성품'은 인간에 대한 정의이다. 기에 대하여 '만유의 생기'는 우주에 대한 설명이지만 '그 개체를 생동케 하는 힘'이란 인간에 관련된 것이다. 질에 대하여 '만유의 바탕'이란 우주에 대한 설명이지만 '형체를 이름'은 인간에 관련된 것이다. 즉 영은 인간의 성품이자 마음을 말하며, 기는 인간을 생동케 하는 힘 곧 에너지를 말하며 질은 인간의 몸의 형체를 말하는 것으로서, 이 모두가 인간을 구성하는 세 가지 요소임을 밝힌 것이다. 이에 대한 보다 분명한 언급은 박정훈의 『한 울안 한 이치』에서 다음과 같이 밝히고 있다.

> 천지만물이나 사람이나 영과 기와 질의 세 가지로 구성된 바, 영이라 함은 안 보이는 것이나 형상 있고 없는 것을 지배하는 것으로서 천지는 大靈(대령)이요, 사람은 개령(個靈)인데 합치면 하나가 되는 것이며, 기라 함은 조화를 나투게 하는 힘으로써 천지에는 사시순환이나 풍운우로 상설의 변화를 가리키는 것이고 사람에는 호흡하고 동작하는 것이며, 질이라 함은 이의 바탕으로서 천지에는 땅이 있고 사람에게는 뼈와 살이다. 그런데 이 삼합(三合)이 조화가 잘 되면 천지나 사람이나 이상이 없는데 조화가 잘못되면 천지에 괴변이 생기고 사람에 병고가 일어난다.[23)]

---

22) 『원불교전서』, 『정산종사법어』, 제5 원리편, 13.

23) 박정훈 편저(1982), 『한 울안 한 이치에』, 원불교출판사, 65.

사람에게 있어서 영이란 보이지 않지만 모든 것을 주재하는 마음을 말하고, 기란 호흡하고 동작하는 것이며, 질이란 뼈와 살의 형체를 말한다. 이 셋은 서로 잘 조화되어야 하며 그렇지 못하면 병이 생기게 된다고 정산(鼎山)은 말하고 있다.

체육철학적 관점에 있어서도 몸의 움직임은 단순한 신체적 활동으로 끝나는 것을 의미하지 않는다. 그것은 몸을 주재하는 마음의 의지작용과과 결합하고, 인간다움을 향한 목표를 지향하는 것이다. 질이 기를 통하여 영과의 합일을 꾀하고 그것이 우주만유의 도 즉 일원상의 진리와 합일을 추구하는 것이 정산이 이해하는 인간이라면 이는 체육철학의 목표와도 일치한다.

영과 기의 합일적 관계에 대하여 정산은 또 이렇게 말한다.

> 기(氣)가 영지(靈知)를 머금고 영지가 기를 머금은지라, 기가 곧 영지요 영지가 곧 기니, 형상 있는 것 형상 없는 것과 동물·식물과 달리는 것과 나는 것이 다 기의 부림이요 영의 나타남이라, 대성(大性)이란 곧 영과 기가 합일하여 둘 아닌 자리니라.[24]

영과 기의 관계에 대한 정산의 이해를 볼 수 있다. '기가 영지를 머금고 영지가 기를 머금고 있다'는 말은 영과 기의 관계가 서로 분리되어 존재할 수 없는 것임을 말한다. 마치 사단칠정론의 리발(理發)·기발(氣發)에 관한 논쟁을 염두해 두고 있는 것으로도 보인다. 그런데 정산은 영이아닌 영지(靈知)를 말하고 있다. '영지'의 개념은 불교의 개념이다. 마음의 본체와 작용을 공적영지(空寂靈知)로 표현한 것은 중국의 규봉 종밀(圭峰宗密)과 한국의 보조 지눌(普照知訥)에게서 보인다. 원불교 '일원상의 진리'에서는 "(일원은)… 공적 영지의 광명을 따라 대소 유무에 분별이 나타

24) 『원불교전서』, 『정산종사법어』, 제5 원리편, 14.

나서 선악 업보의 차별이 생겨난다."[25]라고 표현되어 있다. 정산이 영지라고 표현한 것은 원불교의 진리인 일원(一圓)에 대한 정의와 무관하지 않은 듯하다. 대성(大性)이란 영과 기가 합일한 자리를 말하고 있는데, 개별적인 성품이 아닌 우주 만유의 본원적 성품을 표현한 말로 보인다. 주자의 본연지성(本然之性)을 생각해 볼 수도 있으나 개별적인 성품이 아닌 우주 만유의 공통적 성품을 의미하는 것으로도 보인다. 정산은 영에 대하여도 대령(大靈)과 소령(小靈)을 구분해 설명하고 있다. 정산은 "리(理)라고 하면 알기 어렵다. 영(靈)이라 하면 쉽지 않느냐? 우주에도 영이 있고 사람에도 영이 있다. 우주의 영은 대령이요, 사람의 영은 소령이다."[26] 라고 말한다.

그렇다면 대령과 소령의 관계는 어떠한가? 우주의 대령과 사람의 소령을 분리되어 서로 합일 될 수는 없는 것일까? 주지하다시피 천인합일(天人合一)의 문제는 동양철학의 공통적 목표이다. 인위(人爲)를 배격하고 무위자연(無爲自然)한 상태를 통하여 천도(天道)를 따름으로 인하여 천인합일을 이루고자 하는 것은 노자의 주장이다. 또 인욕(人慾)을 없애고 천리(天理)를 존중하고, 기질지성(氣質之性)을 변화시켜 본연지성(本然之性)을 회복하려는 것은 주자의 생각으로 천인합일을 이루고자 하는 것이다. 따라서 '소령을 대령을 어떻게 합일시킬 것인가?' 하는 문제는 정산의 주요한 관심사일 수밖에 없다. 이에 대한 단서를 다음의 구절에서 찾을 수 있다.

> 또 묻기를 "대령과 개령과의 관계는 어떠하나이까?" 답하시기를 "마음이 정한즉 대령에 합하고 마음이 동한 즉 개령이 나타나, 정즉합덕(靜卽合德) 이요 동즉분업(動卽分業)이라. 사람이 죽어서만 대령에 합치는

25) 『원불교전서』, 「정전」, 제2 교의편, 제1장 일원상, 제1절 일원상의 진리.
26) 박정훈 편저(1982), 『한 울안 한 이치에』, 원불교출판사, 87.

것이 아니라 생사일여니라."[27]

인간에게 있어 대령과 소령의 작용은 마음에 따라 일어난다고 정산은 파악한다. 마음의 정(靜)함과 동(動)함에 따라 대령과 합일이기도 하고 소령에 머물기도 한다. 따라서 마음의 동함을 멈추고 정함에 머물 수 있다면 살아서도 대령에 합일할 수 있게 된다. 박은주는 "이를 일원상의 진리의 대소유무와의 관계로 파악한다면 대령은 우주만유의 본체로서 대라고 할 수 있다면, 개령은 만상이 형형색색으로 구별되듯 나누어진 소의 의미로, 그리고 유무는 개령이 대령에 합하기도 하고 대령에서 개령으로 나누이기도 하는 변화와 변태로서의 기를 의미한다."[28]고 주장한다.

정산 송규의 영기질론의 사상사적 의미에 대하여 김낙필은 "불교적 심론이 주체가 되어 유교와 도교의 기론을 수용한 형태"라고 말한다. 즉 "불교로 대표되는 인도적 인간관과 기를 중심으로 설명하는 중국적 인간관의 결합이라는 것"[29]이다. 도교의 정・기・신의 개념을 영・기・질로 바꾸어 인간을 이해한 것은 기론적 세계관을 수용하면서도 신을 영으로 바꾸어 종교성과 실천성을 함께 담보하려는 뜻이 있는 것으로 보여 진다.

또한 영을 궁극적인 요소로 제시하여 소령과 대령과의 관계 속에서 천인합일을 이루고 또한 개령의 개념 속에 불교의 윤회적 세계관을 설명하려는 복합적인 의미가 있는 것으로 보인다. 또한 동양의 기의 개념을 통하여 영이 궁극적인 일기(一氣)의 세계를 떠나 존재할 수 없고, 기의 세계를 통하여 영의 의미를 실현한다는 것을 보여주고 있다.

---

27) 『원불교전서』, 『정산종사법어』, 제5 원리편, 15.

28) 박은주(1999), 「영기질론에서 본 인간의 고유성」, 『원불교학』 4, 한국원불교학회, 606.

29) 김낙필(2002), 「영기질론의 사상사적 의의」, 『원불교학』 8, 한국원불교학회, 125.

5. 원불교 사상 내의 체육철학과 체육교육

원불교 사상 내에는 위에서 언급한 영육쌍전과 단전주선 그리고 영기질의 내용 말고도 체육철학적 요소가 많이 있다. 물론 원불교와 체육을 같이 논하는데 대하여 불경(不敬)스럽다는 생각을 가지는 사람도 있을 수 있다. 이는 체육을 '근육단련을 하는 신체활동' 으로 여기기 때문이다. 그러나 체육에 대한 정의는 다양하게 이루어지고 있다. 예를 들어 C. A. Bucher는 "전 교육과정의 통합적 부분인 체육은 체육의 목표 실현을 꾀한다는 관점으로부터 선택된 신체적 제 활동을 매개로 하여 신체적·정신적·정서적·사회적으로 적성 있는 시민의 형성을 노력하는 영역이다."[30]라고 정의하고 있다. 또 예종이는 "신체활동을 통하여 신체적·지적·정서적·사회적 성장을 조성하는 전인적 교육의 중요한 과정이며, 각 영역(인지적·정의적·심동적)이 한 교육의 장에서 복합적으로 이루어지는 교육활동이다."[31]라고 정의한다.

이러한 정의에서 볼 수 있듯이 체육은 신체활동을 매개로 하여 인격완성을 이루는 교육과정으로 이해할 수 있으며, 이러한 점이 원불교에서 일원의 진리에 도달하기 위한 삼학(三學)의 수련과정과 크게 다르지 않다고 할 수 있다. 그리고 『예전』의 내용은 몸의 단련과 태도 등이 인격완성과 사회질서를 위하여 중요하다는 점을 강조하고 있을 뿐만 아니라, 시대와 장소에 따라 적절하게 변화되어야 함을 강조하고 있다. "예는 하늘의 이치의 절문(節文)이요 사람 일의 의칙(儀則)이라 하였나니, 사람으로서 만일 예가 없고 보면 최령의 가치를 이루지 못할 것이며, 공중도덕과 사

30) C.A Bucher(1975), Foundation of Physical Education(6th ed.), Saint Louis : The C.V. Mosby Company. : 신현규(2008), 「체육의 정의를 찾아서」, 『한국체육철학회지』 16, 한국체육철학회, 85. 재인용.

31) 예종이(1987), 『체육원리신강』, 서울 : 형설출판사. : 신현규(2008), 「체육의 정의를 찾아서」, 『한국체육철학회지』 16, 한국체육철학회, 85. 재인용.

회 질서를 유지하기 어려울 것이다."[32]라고 『예전』에서는 말하고 있다. 이러한 내용은 마음과 몸을 단련하여 인간의 사회성을 구사하는 것이 인간으로서 가장 중요한 일임을 말하고 있는 것이다. 그러기에 "평상시에는 먼저 마음을 닦고 몸을 단련하는 것이 모든 예의의 근본이 되는 것이다."[33]라고 말하고 있다.

현대인의 새로운 경향은 몸에 대한 관심이 증대하고 있다는 점이다. 오늘날 우리는 가정과 직장, 학교와 대중매체 등 삶이 이루어지는 곳곳에서 몸의 범람을 목격하고 있다. 다이어트・요가・성형수술・휘트니스・스포츠 등과 같이 몸 가꾸기 형식이 대중화되었고, 건강과 젊음과 섹스가 세간의 주요 관심사로 자리잡은 지 오래이다.[34] 이렇게 현대인들이 몸에 대한 관심이 증폭된 원인에 대하여 송형석은 '현대 사상가들의 영향, 페미니즘 운동의 확산, 고령인구의 증가, 사회구조의 변화, 몸에 대한 인식의 변화, 몸에 대한 통제 및 변형 기술의 발달' 등을 들어 설명한다.[35] 그러나 현대인의 지나친 몸에 대한 관심은 철저히 자아를 타인에게 보여주고 평가받기 위한 행위로서 결국 자기 소외의 과정을 겪게 된다. 또한 경제적 시간적 손실과 더불어 자기의 정체성을 상실하고 일시적인 만족에 머무르는 부작용이 도출되기도 한다. 이러한 경향은 철학적으로 볼 때 근대 서구철학에 대한 반작용의 일환으로 볼 수 있다. 이에 대해 송형석은 "몸 철학은 이성 중심의 철학이 만연하던 시대에 사회가 개인을, 남성이 여성을, 이성이 감성을, 의식이 육체를 감금하고 격리하고 감시해 왔듯이, 이제는 반대로 몸 철학의 등장으로 말미암아 개인이 사회를, 여성이

---

32) 『원불교전서』, 「예전」, 총서편..

33) 『원불교전서』, 「예전」, 제1 통례편, 제2장 평거, 제1절, 평거에 대하여.

34) 송형석(2003), 「체육철학 : 왜 몸인가?」, 『한국체육학회지』 42, 한국체육학회, 64.

35) 송형석은 「체육철학 : 왜 몸인가?」의 논문을 통하여, '왜 몸에 대한 관심이 높아지고 있을까?' 몸에 대한 높아진 관심, 어떻게 볼 것인가?' 하는 두 가지 물음을 제기하고 이에 대한 상세한 답을 내리고 있다.

남성을, 감성이 이성을, 육체가 의식을 지배하려 한다. 이와 같은 이원론적 대립구도에서 양자가 화해되고 통합될 수 있는 가능성은 배제되며, 양자 가운데 어느 한쪽에만 서도록 강요한다."[36]고 말한다. 결국 육체와 의식이 하나로서 조화될 수 있고, 몸과 마음을 함께 수련하여 전인적인 인간을 이루려는 노력이 필요한 것이다. 이러한 점에 있어서 원불교의 인간이해는 중요한 시사점을 주고 있다 하겠다.

원불교의 사상 속에는 유・불・도의 인간관과 세계관이 함축되어 있다. 동양철학적 관점에서 진실한 지혜란 단순히 합리적이고 논리적인 사고에 의하여 얻어지는 것이 아니라, 자신의 심신(心身) 전체를 통하여 체득(體得)하고 체인(體認)하는 과정을 통하여 이루어진다. 이 때 수행이란 진실한 지혜를 얻기 위한 주요한 수단이 되며, 지혜는 몸과 마음의 관계 속에서 다양한 경험과 행위를 통해 자연스럽게 이루어진다.[37] 심신 전체의 활동을 매개로 한다는 점에 있어서 동양종교의 수행은 체육적 영역에서 다루어질 수 있는 근거를 확보하는 것이다.

서양교육에 있어서 인간이 추구해야할 가치는 진(眞)・선(善)・미(美)에 두고 교육의 목표를 지(智)・덕(德)・체(體)를 함양하는데 둔다. 이 중 체를 기르는 것이 체육이지만, 체란 지와 덕과의 유기적 관련 속에서 인격을 완성하는 하나의 요소라 할 수 있다. 원불교에서 영・기・질의 세 요소를 통하여 인간을 이해하고 있는 점은 이러한 교육 목표와 크게 다르지 않다.

체육교육과 관련하여 주목되는 원불교 사상은 삼학(三學)이라 할 수 있다. 정신수양・사리연구・작업취사의 삼학은 원불교에서 이상적인 인간이 되기 위한 대표적인 수행법이다. 일원상 서원문에는 "우리 어리석은

36) 송형석(2003), 「체육철학 : 왜 몸인가?」, 『한국체육학회지』 42, 한국체육학회, 68-69.

37) 이정학(2009), 「불교교육사상에 담긴 수행의 체육철학적 의의」, 『한국체육학회지』 48(1), 한국체육학회, 7.

중생은 이 법신불 일원상을 체받아서 심신을 원만하게 수호하는 공부를 하며, 또는 사리를 원만하게 아는 공부를 하며, 또는 심신을 원만하게 사용하는 공부를 지성으로 하여"[38]라고 하여 삼학 공부의 완성이 일원의 진리에 합일되어진 경지임을 말하고 있다. 이러한 삼학의 공부방법이 체육교육의 과정에 적용되어 구체적인 교육현장에서 실현되어지는 것이야말로 원불교 체육철학의 구체적 실현방법의 하나라 생각된다.

6. 마치며

인간은 몸과 마음으로 되어 있다. 인간다운 삶을 살기 위해서는 몸과 마음을 함께 닦아야 한다. 체육학과에 입학하여 지금까지 지니고 있는 화두가 바로 '몸이 건강하고 마음도 자유로운 그러한 인간이 되는 방법은 무엇일까?' 하는 것이었다. 이는 학문적으로 체육과 철학의 문제여서 체육철학을 전공하고 있는 지도 모르겠다.

"물질이 개벽되니 정신을 개벽하자"는 원불교의 정신은 종립대학 원광대의 교육 목표이기도 하다. 물신화와 인간성 상실의 혼돈시대 속에서 정신개벽을 통한 인격완성을 추구하는 것이야 말로 현대를 사는 우리가 추구해야 될 가치라 생각한다. 이러한 원불교의 정신 속에서 20여년의 세월을 배우고 또 가르쳐왔다. 그리고 언제부터인가 '원불교의 이념에 입각한 체육교육은 무엇일까?'하는 문제의식을 지니게 되었다. 본고는 이러한 문제의식에 대한 하나의 시론이라 하겠다.

본고에서는 원불교 사상에 대한 체육철학적 접근을 시도하기 위하여 우선 원불교의 교전을 중심으로 체육철학적 요소를 추출하였다. 그리고 '영육쌍전', '단전주선', ' 영기질론' 등에 주목하였다. 이러한 사상은 체육

---

38) 『원불교전서』, 「정전」, 제2 교의편, 제1장 일원상, 제4절 일원상 서원문.

철학의 주제인 신체관, 심신관계론, 양생사상 등과 밀접한 관련성을 맺고 있는 것으로 보였기 때문이다. 또한 체육철학적 관점에서 본 원불교사상과 체육교육의 방향에 대하여 논자의 견해를 피력해 보았다. '원불교의 몸 돌봄의 교리적 근거'에 대한 깊이 있는 성찰과 '원불교사상과 체육철학 및 체육교육과의 관계에 대한 보다 명확한 설정' 등은 추후 지속적인 연구를 통하여 다루고자 한다.

이외에도 원불교 사상 속에는 다양한 체육철학적 요소가 있다. 그러나 그 모두를 다룰 수는 없었다. 또한 체육철학적 관점에서 원불교 사상에 접근한 관계로 언급한 주제들과 원불교의 핵심교리 사이게 나타는 내적 유기성에 대한 심도 깊은 논의 또한 하지 못했다.

참고문헌

김정현(2000), 『니체의 몸 철학』, 서울 : 문학과 현실사.

박정훈 편저(1982), 『한울안 한 이치에』, 익산 : 원불교출판사.

원광대 원불교사상연구원편(1992), 『정산종사의 사상』, 익산 : 원불교출판사.

원불교정화사(1999), 『원불교전서』, 익산 :원불교출판사.

이학래(2003), 『한국체육사연구』, 서울 : 국학자료원.

이학래외(1998), 『현대사회와 스포츠』, 서울 : 사람과 사람.

정산종자 탄생 100주년 기념사업회편(2000), 『전통사상의 현대화와 정산종사』, 익산, 원불교출판사.

조광제(2004), 『몸의 세계, 세계의 몸』, 서울 : 이학사.

C. A. 반 퍼슨 저, 손봉호 역(1985), 『몸・영혼・정신, 철학적 인간학 입문』, 서울 : 서광사.

Paul Weiss 저, 이진수 역(1982), 『스포츠의 철학적 모색』, 서울 : 교학연구사.

강유원(2006), 「『소학』에 나타난 몸에 대한 의미와 체육교육」, 『한국체육학회지』 45(4), 한국체육학회.
권오륜(1997), 「양명학의 신체사상에 관한 연구」, 부산대 박사학위논문.
김낙필(2002), 「영기질론의 사상사적 의의」, 『원불교학』 8, 한국원불교학회.
김부찬(2007), 「유교・불교・도교 체육철학적 특성 비교」, 『한국체육학회지』 46(1). 한국체육학회.
김부찬(2007), 「『회남자』에 나타난 신체관과 양생사상」, 『한국체육학회지』 15(4). 한국체육학회.
김부찬(2006), 「장자의 양생사상이 지닌 체육철학적 함의」, 『한국체육학회지』 45(3). 한국체육학회.
김성관(2000), 「정산종사의 심성영기론」, 『원불교학』 5, 한국원불교학회.
김은종(2002), 「원불교선의 수행체계」, 『원불교사상』 26, 원광대 원불교사상연구원.
노양진(2004), 「몸의 철학적 담론」, 『철학연구』 27, 대한철학회.
류성태(2006), 「정신수양의 도가적 접근」, 『원불교사상과 종교문화』 34, 원광대 원불교사상연구원.
박병수(1997), 「송정산의 『수심정경』 연구」, 『원불교사상』 21, 원광대 원불교사상연구원.
박은주(2001), 「송정산 영・기・질론의 형성시기와 배경」, 『원불교사상』 25, 원광대 원불교사상연구원.
박은주(1999), 「영기질론에서 본 인간의 고유성」, 『원불교학』 4, 한국원불교학회.
박은주(2000), 「원불교의 영육쌍전 일고찰」, 『원불교사상』 24, 원광대 원불교사상연구원.
서경전・박병수(2001), 「한국도교 양생사상의 맥락에서 본 신종교의 수양론 유형연구」, 『원불교학』 6, 한국원불교학회.

송형석(2003), 「체육철학 : 왜 몸인가?」, 『한국체육학회지』 42. 한국체육학회.
신현규(2008), 「체육의 정의를 찾아서」, 『한국체육철학회지』 16. 한국체육철학회.
오현택 · 정응근(2006), 「철학함으로서의 체육철학」, 『한국체육학회지』 45. 한국체육학회.
이계승 · 이재홍(2002), 「포박자의 양생사상에 관한 고찰」, 『대학의료 기공학회지』 6, 대한의료기공학회.
이정학(2006), 「건강의 의미에 관한 체육학적 이해」, 『한국체육학회지』 45. 한국체육학회.
이정학(2009), 「불교 교육사상에 담긴 수행의 체육철학적 의의」, 『한국체육학회지』 48(1). 한국체육학회.
이학준(2008), 「통섭, 체육학의 미래이다」, 『한국체육학회지』 47. 한국체육학회.
임병만(1998), 「도가의 체육사상과 양생술 연구」, 원광대 박사학위논문.
정재환 · 이영일(2004), 「하곡 정재두의 신체사상 연구」, 『한국체육학회지』 43(10). 한국체육학회.
조성균(2006), 「도가사상이 중국 전통체육 양생학에 미친 영향」, 『한국체육학회지』 45. 한국체육학회.
최광현(1999), 「원불교 단전주선의 성격에 관한 연구」, 『원불교학』 4, 한국원불교학회.
한기두(1997), 「원불교 선수행의 특징에 대한 연구」, 『원불교학』 2, 한국원불교학회.
한종만(2001), 「영육쌍전 연구」, 『원불교사상』 25, 원광대 원불교사상연구원.

체육철학의 관점에서 본 정산 송규의 영기질론*

1. 들어가며

체육학의 관점에서 보면 체육철학은 체육학의 중요한 영역이지만 철학의 관점에서 보면 응용철학의 한 부분이라 할 수 있다. 우리나라 체육학계에서는 1990년대 후반부터 본격적인 연구가 이루어지고 있다. 심신관(心身觀)과 양생사상(養生思想) 혹은 체육활동에 관한 윤리적, 논리적, 미학적 접근을 시도하고 있는 것이 그 특징이다.

최근 들어 니체, 메를로 뽕띠 등의 몸에 대한 연구가 새롭게 이루어지고 있다. 김정현의 『니체의 몸・철학』, 노양진의 「몸의 철학적 담론」, 조광제의 『몸의 세계, 세계의 몸』 등은 이러한 연구 성과라 할 수 있다. 특히 G.레이코프와 M. 존슨의 공저인 『몸의 철학-신체화된 마음의 서구 사상에 대한 도전』[1]은 철학에 있어서 '몸'의 가치를 재확인해 준 작업이라 할 수 있다.

G.레이코프와 M. 존슨은 인지과학의 연구를 통하여 철학적 중심 문제

※ 본 논문은 한국신종교학회에서 2012년에 발간한 『신종교연구』 26권 227-245쪽에 실린 논문이다.

1) G.레이코프・M.존슨, 임지룡 옮김(2008), 『몸의 철학 - 신체화된 마음의 서구 사상에 대한 도전』, 서울 : 박이정. (원전의 제목은 "*Philosophy in the Flesh - The Embodied Mind and its Challenge to Western Thought*"이다.)

가 "마음은 본유적으로 신체화되어 있으며, 사고는 대부분 무의식적이고, 추상적 개념들은 대체로 은유적이다."[2]라고 정의한다. 또 "인간으로서 우리는 어떤 형태의 순수하게 객관적이거나 초월적인 이성에 접근할 수 있는 특별한 통로는 없다. 우리는 필연적으로 인간의 공통된 인지적・신경적 기제를 사용해야 한다. 우리들 대부분의 사고는 무의식적이므로, 선험적 철학화는 우리 자신의 마음에 관한 지식과 우리의 경험이 어떻게 구성되어 있는가에 관한 지식에 특별히 직접적으로 접근할 수 있는 어떤 통로도 제공해 주지 않는다."[3]고 주장한다. 즉 인지적 무의식, 마음의 신체화, 그리고 은유적 사고를 한데 묶어서 인간의 본성을 이해하는 새로운 방식을 요구하고 있다. 이러한 주장은 '몸과 마음의 관계'에 대한 서구철학의 최근 성과이다.

한국 신종교의 하나인 원불교의 제2대 종법사인 정산 송규(鼎山宋奎)는 영기질(靈氣質)을 통하여 인간에 대한 이해를 시도하고 있다. 기론(氣論)적으로 접근하고 있는 이러한 인간이해는 도가와 유가의 전통을 계승하고 있는 것이다. 소태산의 인간이해가 '마음'을 중심으로 이루어져 있다면 정산의 인간 이해는 영기질로 구성된 '몸'에 초점이 맞추어져 있는 것으로 보인다.

그동안 신종교의 영역에서 체육철학에 대한 담론은 거의 이루어지지 않았다. 논자는 2009년 「원불교 영육쌍전의 체육철학적 담론」[4]을 통하여, 영육쌍전(靈肉雙全)과 단전주선 및 영기질론을 중심으로 그 가능성을 시도한 바 있다. 본고는 그러한 연구의 연장선에서 정산의 '영기질'론

---

2) G.레이코프・M.존슨, 임지룡 옮김(2008), 『몸의 철학 - 신체화된 마음의 서구 사상에 대한 도전』, 서울 : 박이정. 25.

3) G.레이코프・M.존슨, 임지룡 옮김(2008), 『몸의 철학 - 신체화된 마음의 서구 사상에 대한 도전』, 서울 : 박이정. 30-31.

4) 김부찬(2009), 「원불교 영육쌍전의 체육철학적 담론」, 『원불교사상과 종교문화』 42, 원광대 원불교사상연구원.

에 주목하여, 정산의 인간이해와 영기질론이 함의하고 있는 체육철학적 가치를 밝히고자 하는 것이 그 목적이다.

2. 정산의 인간관과 수양론

인간은 몸과 마음, 육체와 정신으로 이루어져 있다. 물론 체육철학, 철학적 인간학의 분야에 있어서 몸과 마음의 관계에 대한 다양한 논의가 이루어져 왔다. 그럼에도 불구하고 인간에 대한 논의는 몸과 마음의 두 영역을 떠나 존재할 수 없다. 원불교에 있어 이러한 논의에 주목되는 것은『정전』제3 수행편 가운데 '영육쌍전 법(靈肉雙全法)'이라 할 수 있다.

> 과거에는 세간생활을 하고 보면 수도인이 아니라 하므로 수도인 가운데 직업 없이 놀고먹는 폐풍이 치성하여 개인·가정·사회·국가에 해독이 많이 미쳐 왔으나, 이제부터는 묵은 세상을 새 세상으로 건설하게 되므로 새 세상의 종교는 수도와 생활이 둘이 아닌 산 종교라야 할 것이니라. 그러므로 우리는 제불조사 정전(正傳)의 심인(心印)인 법신불 일원상의 진리와 수양·연구·취사의 삼학으로써 의식주를 얻고 의식주와 삼학으로써 그 진리를 얻어 영육을 쌍전하여 개인·가정·사회·국가에 도움이 되게 하자는 것이니라.[5]

소태산 박중빈에 의하여 제시된 '영육쌍전 법'은 결국 인간을 구성하고 있는 영(마음)과 육(몸)을 함께 수양하여 완전한 인간이 되고자 하는데 그 목적이 있음을 밝히고 있는 것이다. 특히 삶의 구체적인 생활세계를 외면하고 산 속에 들어가 수도를 일삼던 과거 수도인들을 강하게 질타하

5) 원불교정화사(1999),『원불교전서』,『정전』, 제3 수행편, 제 16장, 익산 : 원불교출판사. (이하『원불교전서』)

고 있다. 결국 육체와 정신을 기르기 위한 방법으로서 육체적인 것은 의·식·주에 대한 해결을 통하여, 정신적인 것은 수양(일심)·연구(알음알이)·취사(실행)의 삼학(三學)을 통하여 이루어져야 한다고 강조하고 있다. 이러한 점은『대종경』「교의품」의 다음의 구절에서 분명히 알 수 있다.

> 우리 공부의 삼학(三學) 은 우리의 정신을 단련하여 원만한 인격을 이루는 데에 가장 필요한 법이며, 잠간도 떠날 수 없는 법이니, 예를 들면 육신에 대한 의·식·주(衣食住) 삼건(三件)과 다름이 없다 하노라. 즉, 우리의 육신이 이 세상에 나오면 먹고 입고 거처할 집이 있어야 하나니, 만일 한 가지라도 없으면 우리의 생활에 결함이 있게 될 것이요, 우리의 정신에는 수양·연구·취사의 세 가지 힘이 있어야 살 수 있나니, 만일 한 가지라도 부족하다면 모든 일을 원만히 이룰 수 없나니라. 그러므로 나는 영육쌍전의 견지에서 육식에 관한 의·식·주 삼건과 정신에 관한 일심·알음알이·실행의 삼건을 합하여 육대 강령이라고 하나니, 이 육대 강령은 서로 떠날 수 없는 관계를 가지고 한 가지 우리의 생명선이 되나리라.[6)]

한종만은 "모든 교리의 밑바닥에는 정신적인 면과 육체적인 활동 또는 정신적인 면과 경제적인 문제가 함께 깔려있다. 심성 수양과 기질 수양도 영육쌍전이다. 좌선의 식망현진(息妄顯眞)이라는 영적인 면과 수승화강(水昇火降)이라는 육체적인 면을 아우르는 것도 영육쌍전이다."[7)]라고 말한다. 이처럼 육체적인 면을 같이 강조하고 있는 것이 소태산의 영육쌍전법임을 알 수 있다.

그렇다면 정산 송규가 이해가 인간은 어떠한 모습일까? 정산 또한 기

6)『원불교전서』,「대종경」, 제2 교의품 18장, 122-123.

7) 한종만(2001),「영육쌍전 연구」,『원불교사상』25, 원광대 원불교사상연구원, 179.

본적으로 소태산과 같이 영육쌍전의 입장을 취하고 있는 것으로 보인다. 그러면서도 인간의 생로병사의 모든 과정에 있어서 그에 알맞은 도(道)를 지키는 것이야 말로 이상적인 삶의 모습으로 바라보았다. 이는 "사람의 영식(靈識)이 모태에 들어서면서부터 이 세상에 나고 자라서 일생을 살다가 열반에 들기까지에는 반드시 법받아 행하는 길이 있어야 그 일생이 원만할 것이며 영원한 세상에 또한 원만한 삶을 누리게 되나니라."[8]라는 정산의 말에서 분명히 알 수 있다.

정산은 어린시절부터 한학을 배웠으며, 14세부터 영남 유학의 거두인 공산(恭山) 송준필(宋浚弼)의 문하에서 성리학을 수학하였다.[9] 이러한 성리학적 소양은 소태산을 만난 이후에도 그의 사상의 토양을 이루고 있는 것으로 보인다. 따라서 그의 인간관 역시 성리학적인 사유가 바탕이 되어 있다. 결국 모든 사회적 관계 속에서 그에 맞는 도(道)를 실천하는 것이 인간다움의 길이란 생각이 깔려 있는 것으로 보인다. 그 구체적인 내용인 『세전(世典)』을 통하여 고스란히 나타나 있다.

> 그러므로 대중에 있어서는 태교의 도가 있어야 하고, 세상에 난 후 어린 때에는 유교(幼教)의 도가 있어야 하고, 더욱 자라면서는 과학과 도학을 통한 통교의 도가 있어야 하며, 가정에 있어서는 부부의 도와 부모자녀의 도와 형제 친척의 도가 있어야 하며, 도문에 있어서는 신앙의 도와 신자의 도가 있어야 하며, 사회에 있어서는 남녀의 도와 노소의 도와 강약의 도와 공중의 도가 있어야 하며, 국가에 있어서는 치교의 도와 국민의 도가 있어야 하며, 세상에서 모든 사업을 하다가 노년기에 당하여는 휴양의 도와 해탈의 도가 있어야 하며, 열반기에 당하여는 열반의 도와 천도의 도가 있어야 하나니, 사람이 한 세상 동안 법받아 밟아 행하

---

8) 『원불교전서』, 『정산종사법어』, 『세전』, 제1장 총서, 729.

9) 류병덕(2000), 「鼎山宗師의 道와 學問世界」, 정산종사 탄생 100주년 기념사업회편, 『전통사상의 현대화와 정산종사』, 익산 :원불교출판사, 13-14.

> 여 나아갈 도리가 실로 한이 없으나 이에 그 모든 도리의 대강을 밝히고 이름을 「세전」이라 하노라.[10)]

위에서 볼 수 있는 바와 같이 정산은 성리학의 '수신・제가・치국・평천하'의 내용에 태교의 도와 휴양의 도 그리고 해탈의 도와 열반 및 천도의 도를 더하고 있다. 이는 불교적 세계관을 중요시하면서도 성리학적 사고를 그 밑바탕에 깔고 있음을 볼 수 있는 대목이라 하겠다.

정산은 소태산에 의하여 확립된 법신불 일원상을 진리로 받아들여 그것을 신앙하고 수행을 통하여 일원상 진리 그대로의 삶을 살아갈 수 있도록 대중을 계도하고 있다. 따라서 그의 수행은 일차적으로 일원의 진리를 생활 세계 속에 실현하고자 하는 것을 목표로 한다.

> 일원의 수행은 곧 일원의 진리를 그대로 수행하자는 것이니, 그 방법은 먼저 일과 이치를 아는 공부를 하되 그 지엽에만 그치지 말고 바로 우리 자성의 근본 원리와 일원 대도의 전모를 원만히 증명하자는 것이요, 다만 아는 데에만 그칠 것이 아니라 또한 회광 반조하여 그 본래 성품을 잘 수호하자는 것이요, 다만 정(定)에만 그칠 것이 아니라 천만 사물을 접응할 때에 또한 일원의 도를 잘 운용하자는 것이니, 이 세 가지 공부는 곧 일원의 체와 용을 아울러 닦는 법이라 할 것이니라.[11)]

위의 내용은 수행의 목적은 일원의 진리에 계합되는 것이며, 그러기 위해서는 견성과 양성과 솔성의 세 가지를 해야 하고, 이 세 가지 공부가 일원의 체와 용을 함께 닦는 법이라 말하고 있다. 즉 '불법의 생활화'를 구체적으로 실현하기 위한 수행법을 제시하고 있음을 볼 수 있다.

그런데 정산의 인간이해에 있어서 주목되는 대목이 바로 영기질론이

10) 『원불교전서』, 『정산종사법어』, 『세전』, 제1장 총서, 729.

11) 『원불교전서』, 『정산종사법어』, 제5 원리편, 4. 820.

다. 동양철학의 일반적 분류는 우주론(본체론)과 심성론(인간론)을 결합하여 천인합일(天人合一)을 추구한다고 말해지곤 한다. 이러한 관점에서 보면 정산의 영기질론은 우주론과 심성론이 복합되어 있다고 할 수 있다. 전홍배는 우주론적인 측면에서 정산의 영기질론을 다음과 같이 규정하고 있다.

> 영·기·질론은 소태산의 법통을 이은 정산 송규가 유·불·도 삼교의 모든 교리를 통합하여 수양·연구·취사의 일원화(一圓化)를 이루려 했던 소태산의 사상을 이어받아 전통적 유·불·도 삼교에 대한 비판적 수용과 직관적 깨달음을 통하여 우주만유의 존재 구조를 영·기·질의 삼속성으로 파악한 존재론이다.[12)]

위의 전홍배의 규정은 영·기·질론을 현대물리학의 성과를 통하여 존재론적으로 규명하기 위한 시도로서 의의가 있는 것이다. 그러나 이는 한 측면만을 부각시킨 것이며, 영·기·질론은 우주론과 심성론의 두 측면을 동시에 가지고 있는 것이다. 즉 정산의 영·기·질론은 우주의 존재와 인간의 존재가 둘이 아니란 전재 아래서 영(靈)이라는 인간적 측면을 부각시키고 있음을 보아야 한다.

3. 정산의 영기질론

정산의 영기질론은 그의 기철학(氣哲學)적 측면을 드러내고 있는 사상이다. 류병덕은 정산의 기철학이 세 가지의 단계를 거치며 발전적으로 전개되었다고 해석한다. 1단계는 "천지영기아심정(天地靈氣我心定)"으로

12) 전홍배(2011), 「靈 ·氣·質론과 현대물리학에서 본 존재 구조에 대한 비교 연구」, 『원불교사상과 종교문화』 49, 원광대 원불교사상연구원, 149.

시작하는 영주(靈呪)가 발표된 초기단계의 기철학이다. 2단계는『정산종사법어』에서 밝힌 영(靈)·(氣)·질(質) 법문이다. 3단계는 정산이 회갑 때 내놓은 삼동윤리(三同倫理) 가운데 동기연계(同氣連契)가 그것이다.[13] 1단계의 영과 기가 2단계에서 영·기·질로 전개된 후 3단계에서 우주생성의 기가 연계하여 움직인다는 기철학적 의미로 정착되어진 것이다. 그렇다면 2단계의 영기질론의 구체적인 내용은 무엇인가?

영·기·질에 대하여 정산이 구체적으로 언급하고 있는 것은『정산종사법어』원리편 13, 14, 15장의 다음과 같은 법어이다.

> 가) 우주 만유가 영(靈)과 기(氣)와 질(質)로 구성되어 있나니, 영은 우주 만유의 본체로서 영원불멸한 성품이며, 기는 만유의 생기로서 그 개체를 생동케 하는 힘이며, 질은 만유의 바탕으로서 형체를 이름이니라.[14]

> 나) 기(氣)가 영지(靈知)를 머금고 영지가 기를 머금은지라, 기가 곧 영지요 영지가 곧 기니, 형상 있는 것 형상 없는 것과 동물 식물과 달리는 것과 나는 것이 다 기의 부림이요 영의 나타남이라, 대성(大性)이란 곧 영과 기가 합일하여 둘이 아닌 자리니라.[15]

> 다) 학인이 묻기를 "기와 영지가 둘이 아니라 하셨사온데 어찌하여 식물에는 영지를 볼 수 없습니까?" 답하시기를 "만물이 화생하는데 구분이 있나니, 영지가 주가 되어 기운을 머금은즉 동물이 되고, 기운이 주가 되어 영지를 머금은 것은 식물이라. 동물은 개령이 있으나 식물은 대령만 있나니라." 또 묻기를 "대령과 개령과의 관계는 어떠하나이까?" 답하

---

13) 류병덕(2000),「鼎山宗師의 道와 學問世界」, 정산종사 탄생 100주년 기념사업회편,『전통사상의 현대화와 정산종사』, 익산 : 원불교출판사, 27-29.

14)『원불교전서』,『정산종사법어』, 제5 원리편, 13, 822.

15)『원불교전서』,『정산종사법어』, 제5 원리편, 14, 823.

시기를 "마음이 정한즉 대령에 합하고 마음이 동한 즉 개령이 나타나, 정즉합덕(靜則合德)이요 동즉분업(動則分業)이라. 사람이 죽어서만 대령에 합치는 것이 아니라 생사일여니라."[16]

정산의 영・기・질론의 연원에 대하여 유교와 불교의 도교의 요소를 모두 받아들이고 있다는 김낙필의 주장[17]과 도교의 『수심정경(修心正經)』류의 문헌에서 비롯된 것이라는 박병수의 주장[18] 등이 제기되고 있다. 문헌학적인 접근으로 볼 때 박병수의 견해가 타당해 보이나 사상적인 측면에서 볼 때는 유불도의 사상을 모두 흡수하고 있다는 김낙필의 견해가 더 타당해 보인다.

류병덕은 정산의 기론은 6단계의 변화를 나타내고 있다고 해석하고 있다. 첫째는 '질기(質氣)'로서 물리기, 생명 없는 자연물을 말한다. 둘째는 '생기(生氣)'로서 질기를 토대로 지구상의 물질현상으로서 생명으로 나타난 기운을 말한다. 셋째는 '심기(心氣)'로서 질기와 생기를 바탕으로 인간에게만 있는 특징으로 인간 존재의 소이연이다. 넷째는 '정기(精氣)'로서 심기에서 정기로 올라가는데, 진리를 추구하는 생각이 일어남으로써 모든 기를 이에 집중한 상태를 말한다. 다섯 번째는 '화기(和氣)'로서 천지

---

16) 『원불교전서』, 『정산종사법어』, 제5 원리편, 15, 823.

17) 김낙필은 「영기질론의 사상사적 의의」를 통하여 "정산종사는 우주만유의 구성요소를 영기질의 세 가지로 밝혔다. 정산의 구도과정이나 학문적 섭렵과정을 감안하면 영기질론은 일원상(一圓相) 진리에 대한 주체적 파악이 바탕이 되고 유불도 삼교의 인간관이 중요한 소재로 검토된 끝에 나온 결실이라 생각할 수 있다. 구체적으로는 성리학적 리기론(理氣論)이나 불교의 심론(心論)이 직접적인 계기가 되었다고 생각할 수 있으며, 도교의 경우 『수심정경(修心正經)』을 통해 간접적으로 도교의 인간관이나 실천수행론을 접했다고 말할 수 있다."말하고 있다.

18) 박병수는 「송정산의 『수심정경』 연구」를 통하여 "『수심정경』의 영보국(靈寶局)은 정기신(精氣神)의 신기(神氣)를 나타내는데 이것을 송정산은 영기(靈氣)로 풀고 있다. 나아가 이 영기에 습기(習氣)와 기질(氣質)에서 착안하여 영기질로 발전시키고 있다."고 주장한다. 또한 이러한 견해는 안동준의 「『수심정경』의 도교적 연원」을 통하여 지지되고 있다.

기운이 생성약동하는 것이며, 정기를 모은 사람은 저절로 위력을 얻어 환골탈태하게 된다. 여섯 번째는 '영기(靈氣)'로서 진리와 나와 우주만물이 합일된 상태이자 인간이 영지(靈知)가 솟아 광명을 발하게 된다.[19)]

이처럼 류병덕은 정산의 영기질론을 확대하여 6단계의 기철학적 순환구조로 설명하고 있다. 특히 '심기'의 문제에 주목하여 세속화된 인간이 되느냐 아니면 도인의 되느냐의 갈림길이 바로 마음에서 갈린다고 주장하고 있다. 아울러 정산의 영기질론은 종래 성리학자들의 리기이원론(理氣二元論)을 소태산의 일원상진리와 접목시킨 것으로 평가하고 있다.

> 정산의 우주관은 그 생생약동하는 기의 존재성을 체험했기 때문이다. 그러므로 조선조 성리학은 리기이원론이었다면 정산의 영기질론은 우주생성의 기와 그 원리를 밝힐 수 있는 심법(心法)이 중시되었고, 정산의 이러한 성리학적 깨달음은 곧 소태산의 사은(四恩)에 의한 일원상(一圓相) 진리의 깨침과 일치함을 확증할 수 있었던 것이다. 우주 안에 움직이는 이 '한 마음'이 열리고 보니 이체기통(理體氣通)도 되고 기체이통(氣體理通)도 되는 심법의 조화원리를 체험했던 것이다.[20)]

정산의 영기질론에서 셋 사이의 관계는 어떻게 보아야 할까? 정산이 "영은 우주 만유의 본체로서 영원불멸한 성품이며, 기는 만유의 생기로서 그 개체를 생동케 하는 힘이며, 질은 만유의 바탕으로서 형체를 이름이니라."라고 밝히고 있는 바와 같이 인간을 포함한 우주만유가 영기질로 구성되어 있다고 보고 있다. 또 "기(氣)가 영지(靈知)를 머금고 영지가 기를 머금은지라, 기가 곧 영지요 영지가 곧 기이다"라고 하여 영과 기가 서로

---

19) 류병덕(2000), 「鼎山宗師의 道와 學問世界」, 정산종사 탄생 100주년 기념사업회편, 『전통사상의 현대화와 정산종사』, 익산 :원불교출판사, 31-32.

20) 류병덕(2000), 「鼎山宗師의 道와 學問世界」, 정산종사 탄생 100주년 기념사업회편, 『전통사상의 현대화와 정산종사』, 익산 :원불교출판사, 34.

밀접하게 관련되어 불일불이(不一不異)의 관계에 있지만 보다 근원적인 것은 영으로 보는 것 같다. 이에 대하여 김낙필은 다음과 같은 견해를 제시하고 있다.

> 영과 기는 근원적으로는 불가분의 관계에 있는 것이지만 구체적인 생명활동을 밝히려는 경우는 양자의 관계를 구체적으로 논의할 필요가 있다. 이에 관해 상세한 설명이 없으나 영이 보다 근원적인 존재로서 기와 질을 주재한다는 관점에 착안하여 대체적 방향을 유추할 수 있다. 주재라는 표현을 쓰긴 하였으나 천지의 경우는 주재한다는 의식이 없는 가운데 무위이화 자동적으로 이루어지는 작용을 의미한다. 인간의 경우는 마음이 기운과 몸을 주재한다는 것은 이런 의미 외에 일상적 삶에서 마음이 기운과 몸을 의식적으로 통어하는 측면을 포함한다고 말할 수 있다. 천지의 경우 영은 기의 작용을 통어하는 원리적, 이법적 의미가 주가 된다면 인간의 경우는 의식적, 자각적 주재의 의미, 즉 영각성(靈覺性)이 위주가 된다고 말할 수 있다.[21]

정산은 소태산과 다르게 어째서 영기질론을 제기한 것일까? 이에 대한 해답의 실마리는 박정훈이 편찬한 『한 울안 한 이치에』에 나오는 다음의 대목을 통하여 살펴볼 수 있다.

> 불교의 법신불이나 도교의 무위자연이나 유교의 무극이나 천주교의 하나님이 다 진리의 체를 밝혔으나 그 내용에 있어서 논리가 정연하지 못한 감이 있는데 일원상서원문은 전무후무한 대법이며, 또는 유교에서 말하는 심(心)・성(性)・이(理)・기(氣)가 대체로 옳으나 개령(個靈)과 육도 윤회는 설명할 수 없는데 비하여 영・기・질은 과거에 밝히지 못한 점을 밝혔다.[22]

21) 김낙필(2000), 「영기질의 사상사적 의의」, 정산종사 탄생 100주년 기념사업회편, 『전통사상의 현대화와 정산종사』, 익산 : 원불교출판사, 122-123.

즉 기존의 종교사상은 체는 밝혀놓았으나 구체적인 용은 밝혀 놓지 못하였으며, 성리학의 심성 리기론 또한 개령과 윤회의 과정을 설명하는데 한계가 있기 때문이라는 것이다. 박은주는 "객관세계에 대한 생생약동하는 변화를 보다 역동적으로 설명하기 위하여 기개념을 도입하여 존재를 설명하려 하였으며, 성리학의 심성 리기에 대한 비판을 통하여 구체화 하였다."[23]고 말하고 있다. 분명 정산의 영기질론은 성리학의 심성론과 리기론을 통합하고 개체의 존재와 윤회의 과정을 설명할 수 있는 장점이 있다 하겠다.

정산은 영과 기가 합일하여 둘이 아닌 자리가 대성(大性)이라고 말한다. 이는 영이 기를 통하여 작용하는 것이며, 기는 서로 감응하게 되어 있는 이치로서 인간과 우주가 그리고 생과 사가 하나의 유기체로서 연결될 수 있음을 말하고 있는 것이다. 이러한 점은 법신불에 대한 다음과 같은 정산의 설명에서 구체적으로 드러난다.

> 우주 만유의 본원은 법신불의 체요, 그 체 가운데에 한 기운이 순환하여 천변 만화를 행하는 것은 법신불의 용이요, 그 체용 가운데에 형상도 없고 소리도 없고 냄새도 없어서 무엇으로 가히 말할 수가 없으나 항상 허령 불매하여 엄연히 체용을 주재하는 것은 법신불의 영지(靈知)니, 체와 용과 영지가 다 법신불 하나이며 우리들의 육체와 기운과 마음도 또한 법신불의 한 분자로서 서로 통하여 둘이 아니니, 그 둘이 아니므로 생로병사와 인과 보응이 다 법신불의 도를 따라 호리도 어긋나지 않는 것이요.[24]

---

22) 박정훈 편저(1982), 『한울안 한 이치에』, 익산 : 원불교출판사, 86.

23) 박은주(2001), 「송정산 영・기・질론의 형성시기와 배경」, 『원불교사상』 25, 원광대 원불교사상연구원. 330.

24) 『원불교전서』, 『정산종사법어』, 제2 예도편 9, 774-775.

위의 내용은 무형한 마음으로서 무형한 세계를 상대하게 되면 무형한 가운데 서로 감응되는 이유가 무엇인지에 대한 정산의 설명이다. 법신불의 체와 용을 주재하는 것은 '영지'이고 우리의 육체와 기운과 마음도 법신불의 한 부분이라는 것이 정산의 주장이다. 즉 모든 존재와 인간은 영기질로 구성되어 있으며, 서로 감응하고 있다는 것이 정산의 입장이라 하겠다.

4. 정산의 영기질론에 담긴 체육철학적 함의

체육철학적 관점에 있어서도 몸의 움직임은 단순한 신체적 활동으로 끝나는 것을 의미하지 않는다. 그것은 몸을 주재하는 마음의 의지작용과 결합하고, 인간다움을 향한 목표를 지향하는 것이다. 질이 기를 통하여 영과의 합일을 꾀하고 그것이 우주만유의 도 즉 일원상의 진리와 합일을 추구하는 것이 정산이 이해하는 인간이라면 이는 체육철학적 담론을 가능하게 한다고 볼 수 있다.[25)]

"모든 존재와 인간은 영 · 기 · 질로 구성되어 있으며, 이들은 서로 유기적으로 작용하고 있고, 이를 통하여 감응이 일어난다."고 정산은 말한다. 이러한 정산의 생각은 '마음공부'를 중시하는 원불교의 신앙과 언뜻 차이가 난다고 생각할 수 있다. 그러나 마음공부 또한 몸을 통하여 일어나는 것이다. 몸의 수행이 마음 공부과 병행하듯이, 마음 공부 또한 몸의 수행과 떨어질 수 없는 것이다. 다산 정약용은 몸 닦음과 마음 닦음의 관계에 대하여 다음과 같이 말하고 있다.

25) 김부찬(2009), 「원불교 영육쌍전의 체육철학적 담론」, 『원불교사상과 종교문화』 42, 원광대 원불교사상연구원. 115.

> 몸과 마음은 오묘하게 결합되어 있어 나누어 말할 수 없다. 마음을 바르게 하면 그것이 곧 몸을 바르게 하는 것이 되니, 다른 두 개의 층차적인 공부가 있는 것은 아니다.[26]

위에서 볼 수 있듯이 유학에 있어서도 그 공부는 몸과 마음을 함께 닦는 것임을 알 수 있다. 이는 불교의 수행에서도 마찬가지라 할 수 있다. 선(禪)에 있어서 그 핵심은 견성성불에 있지만 그 주된 수행법은 좌선(坐禪)이다. 즉 몸을 통하여 마음을 닦아 나아가는 것이다. 우희종은 "수행의 주체로서의 나는 몸과 마음의 통합적 개체이며, 몸과 마음 모두 복잡계적 창발현상에 의해 존재하기 때문에 몸과 마음은 수레의 양 바퀴와 같아 결코 어느 한 쪽만으로 수행을 하는 것은 아니다."[27]라고 말한다. 즉 마음 역시 몸과 밀접한 관련 속에서만 존재할 수 있다는 것이다. 그는 이어 마음에 대하여 다음과 같이 말한다.

> 그러면 마음을 어떻게 볼 것인가. 개인의 마음은 몸에 의존해 있어서 몸과 상대적이기에 언젠가는 사라질 일종의 정신적 몸이다. 즉, 둘 다 창발적 존재로서 이름하여 나를 이루는 육체적 몸이고, 정신적 몸이다. 이들이 인연 따라 흩어질 개체로서의 나를 잠시 만들고 있음에 불과하다. 생명체가 죽음을 맞이하여 나라는 한 개체가 흩어질 때 몸도 마음도 흩어지고 없어지는 실체 없음이다. 그런 면에서 수행을 함에 있어서 몸과 마음은 필요하지만 실체 없는 몸과 마음으로 한 수행 역시 실체 없음을 알아야 한다.[28]

---

26) 정약용, 『大學公義』, 『與猶堂全書』 2, (서울 : 경인문화사 영인본 상), 15.

27) 우희종(2009), 「창발현상으로서 깨어있는 몸」, 박찬욱 기획, 『몸, 마음공부의 기반인가 장애인가』, 서울 : 운주사, 2009), 375.

28) 우희종(2009), 「창발현상으로서 깨어있는 몸」, 박찬욱 기획, 『몸, 마음공부의 기반인가 장애인가』, 서울 : 운주사, 2009), 375-376.

"마음이란 정신적 몸이다."란 주장은 G.레이코프와 M. 존슨이 제시하고 있는 '신체화된 마음'이란 주장과 일맥상통하다. 그리고 이러한 주장은 영기질론을 통하여 정산이 이해하고 있는 인간론과도 통하는 것이다. 현대 인지과학의 성과는 첫째, 인간의 의미와 개념화 사유작용이 신체적 경험 특히 감각운동의 경험에 근거한다는 점과 둘째, 이성의 이러한 신체화된 양식이 개념적 은유의 상상적 기제를 통하여 추상적 사고에까지 이른다고 주장하기에 이르렀다.[29] 이러한 주장들은 신체의 활동을 통하여 전인적인 인간됨을 목표로 하는 것이 체육교육이라 할 때 그 외연이 단순히 신체적 활동에 국한되는 것이 아니라 마음 닦음의 내용을 포함할 수 있음을 의미한다고 할 수 있다. 왜냐하면 마음이란 정신적 몸이며, 신체화 되어 있는 것이 마음이기 때문이다.

체육철학은 철학적 인간학과 밀접하게 관련되어 있다. 전통적 체육학은 철저하게 인간학이라는 토양위에 자라났으며, 체육의 교육학적 철학적 정당성을 세우기 위하여 체육학자들은 철학적 인간학의 연구결과에 의존해 왔다. 특히 몸과 마음의 관계에 대한 문제는 체육철학의 주요한 과제 중의 하나였다.

원불교사상에 있어서 정산의 영기질론은 소태산의 법신불사상과 영육쌍전의 사상을 계승하면서 정산의 성리학적 지식이 토양이 되어 나타난 우주론이자 심성론이라 할 수 있다. 그런데 영기질론이 함유하고 있는 것은 영지를 통하여 영과 기질이 서로 감응하고 있음을 밝히고 있다. 이는 단순히 종교적 수양의 측면만이 아니라 신체적인 활동을 통한 인격완성이라는 체육철학의 측면을 반영하고 있는 것이다. 또한 현대 인지과학의 성과를 반영하고 있는 '신체화 된 몸'이 마음이라는 사유와 만나고 있다. 이러한 점은 정산의 영기질론이 가지고 있는 체육철학적 가치라 할 수 있다.

---

29) G. 레이코프 · M.존슨, 임지룡 옮김(2008), 『몸의 철학 - 신체화된 마음의 서구 사상에 대한 도전』, 서울 : 박이정. 13.

5. 나아가며

체육철학은 체육활동에 대한 인문학적 의미를 규명하는 작업이다. 종교가 성(聖)스러운 영역에 속하는 것이라면 체육활동은 속(俗)된 영역에 해당한다고 볼 수도 있다. 그럼에도 불구하고 체육활동과 종교활동은 그 목적이 인간의 완성과 행복을 지향하고 있다는 점에 있어서 공통점이 있다.

이상으로 살펴본 바와 같이 정산의 영기질론을 중심으로 하여 그것이 가지는 체육철학적 의미가 무엇인지를 밝히고자 하였다. 정산이 이해하였던 인간은 소태산의 영육쌍전의 관점을 계승하면서도 기철학적인 사유를 통하여 몸의 중요성을 강조하고 있는데 큰 특징이 있다. 특히 그의 영기질론은 현대 체육철학의 입장에서 볼 때 크게 주목되는 바가 있다.

그동안 동양철학에 있어 체육철학적 담론은 유교 · 불교 · 도교(仙)를 대상으로 한 신체관과 양생론이 주류를 이루어 왔는데, 본고는 그 외연을 신종교의 영역으로 확장하였다는 점에서 의의가 있다.

이제 몸과 마음의 영역을 나누어 해석하려는 학문적 시도는 자리를 잡기 어렵게 되었다. '마음'이란 또 다른 몸이다. 체육과 종교적 수련의 영역이 하나로 수렴되는 시대가 오고 있는 것이다. 성스러움의 외피를 벗기고 나면 종교적 수련은 어쩌면 또 다른 체육활동의 하나로 해석할 수도 있다. 물론 이러한 접근에 종교를 신봉하는 자들은 강한 거부감을 내보일 수 있다.

정산이 이해하는 인간은 몸과 마음으로 분리되어지지 않는다. 영기질을 통하여 설명하고 있는 바탕에는 현대 인지과학과 철학의 영역에서 논의되고 있는 '몸'에 대한 담론과 궤를 같이하고 있음을 볼 수 있다. 영육쌍전과 실천실학의 측면을 드러내었던 정산의 사상 속에서 현대 체육철학적 사유가 녹아있다. 본고는 원불교사상 속에 내재하고 있는 체육철학적 담론을 이끌어내고자 하는 시론적 성격을 띤 글이다. 정산의 영기질사상과 원불교의 영육쌍전의 사상은 그에 대한 실마리를 제공하고 있는 것이다.

참고문헌

김정현(2000), 『니체의 몸·철학』, 서울 : 문학과 현실사.
박정훈 편저(1982), 『한울안 한 이치에』, 익산 : 원불교출판사.
박찬욱 기획(2009), 『몸, 마음공부의 기반인가 장애인가』, 서울 :운주사.
원불교정화사(1999), 『원불교전서』, 익산 :원불교출판사.
이학래(2003), 『한국체육사연구』, 서울 : 국학자료원.
이학래외(1998), 『현대사회와 스포츠』, 서울 : 사람과 사람.
정산종자 탄생 100주년 기념사업회편(2000), 『전통사상의 현대화와 정산종사』, 익산, 원불교출판사.
조광제(2004), 『몸의 세계, 세계의 몸』, 서울 : 이학사.
胡道靜外(1989), 『道藏要籍選刊』 五, 中國 :上海古籍出版社.
C. A. 반 퍼슨 저, 손봉호 역(1985), 『몸·영혼·정신, 철학적 인간학 입문』, 서울 : 서광사.
G.레이코프·M. 존슨, 임지룡외 옮김(2008), 『몸의 철학 - 신체화된 마음의 서구 사상에 대한 도전』, 서울 : 박이정.
Paul Weiss 저, 이진수 역(1982), 『스포츠의 철학적 모색』, 서울 : 교학연구사.

김낙필(2002), 「영기질론의 사상사적 의의」, 『원불교학』 8, 한국원불교학회.

김부찬(2007), 「『회남자』에 나타난 신체관과 양생사상」, 『한국체육학회지』 15(4). 한국체육학회.

김부찬(2007), 「유교·불교·도교 체육철학적 특성 비교」, 『한국체육학회지』 46(1). 한국체육학회.

김부찬(2009), 「원불교 영육쌍전의 체육철학적 담론」, 『원불교사상과 종교문화』 42, 원광대 원불교사상연구원.

김부찬(2006), 「장자의 양생사상이 지닌 체육철학적 함의」, 『한국체육학회지』 45(3). 한국체육학회.

김성관(2000), 「정산종사의 심성영기론」, 『원불교학』 5, 한국원불교학회.

노양진(2004), 「몸의 철학적 담론」, 『철학연구』 27.

류성태(2006), 「정신수양의 도가적 접근」, 『원불교사상과 종교문화』 34, 원광대 원불교사상연구원.

박병수(1997), 「송정산의 『수심정경』 연구」, 『원불교사상』 21, 원광대 원불교사상연구원.

박은주(2001), 「송정산 영·기·질론의 형성시기와 배경」, 『원불교사상』 25, 원광대 원불교사상연구원.

박은주(1999), 「영기질론에서 본 인간의 고유성」, 『원불교학』 4, 한국원불교학회.

박은주(2000), 「원불교의 영육쌍전 일고찰」, 『원불교사상』 24, 원광대 원불교사상연구원.

서경전·박병수(2001), 「한국도교 양생사상의 맥락에서 본 신종교의 수양론 유형연구」, 『원불교학』 6, 한국원불교학회.

송형석(2003), 「체육철학 : 왜 몸인가?」, 『한국체육학회지』 42. 한국체육학회.

신현규(2008), 「체육의 정의를 찾아서」, 『한국체육철학회지』 16. 한국체육철학회.

오현택 · 정응근(2006), 「철학함으로서의 체육철학」, 『한국체육학회지』 45. 한국체육학회.

이정학(2006), 「건강의 의미에 관한 체육학적 이해」, 『한국체육학회지』 45. 한국체육학회.

이정학(2009), 「불교 교육사상에 담긴 수행의 체육철학적 의의」, 『한국체육학회지』 48(1). 한국체육학회.

임병만(1998), 「도가의 체육사상과 양생술 연구」, 원광대 박사학위논문.

조성균(2006), 「도가사상이 중국 전통체육 양생학에 미친 영향」, 『한국체육학회지』 45. 한국체육학회.

한종만(2001), 「영육쌍전 연구」, 『원불교사상』 25, 원광대 원불교사상연구원.

찾아보기

ㄱ

ㄴ

ㄷ

ㅅ

ㅇ

ㅈ

ㅊ

ㅋ

ㅌ

ㅍ

ㅎ

■ 김부찬(金富贊)

2005년 전남대에서 체육학박사학위를 취득하였으며, 2006년 북경체육대학교에서 인문체육철학연구교수를 지내고, 2012년 충남대 철학과에서 철학박사학위를 취득하였다. 2016년 중앙대학에서 한국음악이론으로 박사과정 중이며 현재 원광대 스포츠건강관리학과에서 재직 중이다.

저서로 한국전통무예체육철학이 있으며, 논문으로 「퇴계의 경사상에 있어서 몸의 문제」 등 20여 편이 있다.

메일_ boochan612@hanmail.net

동양의 몸철학 1 – 한국편

초판 1쇄 발행 _ 2016년 8월 30일

저　자 _ 김부찬
발행인 _ 지병문
발행처 _ 전남대출판부
등　록 _ 1981. 5. 21. 제53호
주　소 _ 61186 광주광역시 북구 용봉로 77
전　화 _ (062) 530-0571～2
팩　스 _ (062) 530-0579
메　일 _ cnup0571@hanmail.net
홈페이지 _ http://www.cnup.co.kr
ISBN _ 978-89-6849-341-6 (93150)

정　가 _ 12,000원

이 도서의 국립중앙도서관 출판예정도서목록(CIP)은 서지정보유통지원시스템 홈페이지(http://seoji.nl.go.kr)와 국가자료공동목록시스템(http://www.nl.go.kr/kolisnet)에서 이용하실 수 있습니다.
(CIP제어번호 : CIP2016022304)